GROSSE LAUSCHER UND FEINE SPÜRNASEN

Wie Tiere hören, riechen, fühlen ...

Carla Häfner • Claudia Lieb

GROSSE LAUSCHER UND FEINE SPÜRNASEN

Wie Tiere hören, riechen, fühlen ...

arsEdition

INHALT

VERBORGENE WELTEN

Die Blüte des Löwenzahns ist tagsüber leuchtend gelb. Doch in der Nacht erscheint sie uns grau. Welche Farbe hat die Blüte nun: gelb oder grau? Was ist die Wirklichkeit?
Unsere Welt ist das, was wir mithilfe unserer Sinnesorgane von ihr wahrnehmen. Die meisten Tiere haben zwar ähnliche Sinne wie wir Menschen. Sie sehen, hören, riechen, schmecken und fühlen. Aber die Sinne sind häufig sehr unterschiedlich ausgeprägt. Während die Vogelspinne zum Beispiel nur äußerst schlecht sehen kann und sich in ihrer dunklen Höhle stattdessen vorwiegend über ihre zahlreichen Tasthaare orientiert, ist der Adler ein absoluter Seh-Profi. Denn er muss schon auf große Entfernung seine Beute sicher erkennen, um sie dann in rasend schnellem Sturzflug ergreifen zu können. Einige Tiere besitzen auch zusätzliche, uns ganz unbekannte Sinne, wie den Magnet- oder Elektrosinn, um sich in ihrer Umgebung zurechtzufinden. Magnetische Felder, elektrische Ladungen – schwer vorzustellen, wie sich das anfühlen könnte! Und so lässt sich nur erahnen, was uns von der Welt verborgen bleibt, weil es von unseren Sinnesorganen nicht aufgenommen wird. Und genau um dieses Erahnen geht es hier.
Lass uns tief eintauchen in die verschiedenen Sinneswelten der Tiere und über unsere eigenen Sinnesvorstellungen hinausgehen, um die Welt dabei ganz neu zu entdecken! Du darfst dabei auch selbst aktiv werden. Mithilfe kleiner Versuche kannst du den Dingen auf den Grund gehen und die Grenzen deiner Sinne genauer austesten. Nimm dir dafür ein kleines Heft zur Hand, wo du deine Beobachtungen und Forschungsergebnisse aufschreibst. Und dann kann es losgehen auf unsere Reise durch die Welt der Sinne!

SEHEN

FENSTER ZUR WELT

Kein Sinn ist für uns so wichtig wie das Sehen. Unsere Welt nehmen wir zum allergrößten Teil mithilfe unserer Augen wahr. Wie Fenster zur Außenwelt kannst du sie dir vorstellen. Du merkst schnell, wie es ist, wenn dir dieser Ausblick versperrt wird. Wenn du nämlich die Augen schließt! Plötzlich ist alles schwarz um dich herum. Und wenn du nun noch versuchst, mit geschlossenen Augen bis zur Zimmertür zu gelangen, wirst du merken, wie wichtig das Sehen mit den Augen für unsere Orientierung ist. Aber wie funktioniert das eigentlich: Sehen? Und welche Rolle spielen unsere Augen dabei?

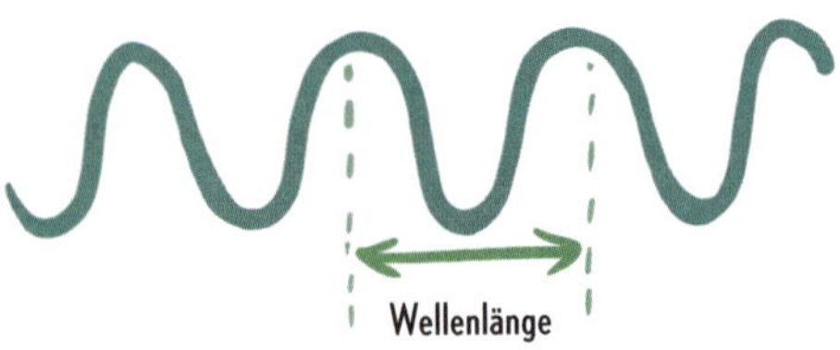

Die Wellenlänge wird in Nanometer gemessen. Ein Nanometer (abgekürzt: nm) ist dabei ein Millionstel eines Millimeters. Also winzig klein!

OHNE LICHT KEIN SEHEN!

Erst einmal braucht es fürs Sehen eine Lichtquelle, wie zum Beispiel die Sonne. Von dieser Lichtquelle wird Energie ausgestrahlt. Genauer genommen: elektromagnetische Energie. Du kannst dir diese Energie auch als Wellen vorstellen, die sich von der Lichtquelle in alle Richtungen ausbreiten. Nun gibt es diese Wellen in vielen verschiedenen Längen: von sehr kurzwelligen Gamma- und Röntgenstrahlen zu den sehr langwelligen Mikro- und Radiowellen. Und nur ein kleiner Bereich in diesem riesigen Spektrum von Wellen verschiedener Längen ist das sichtbare Licht.

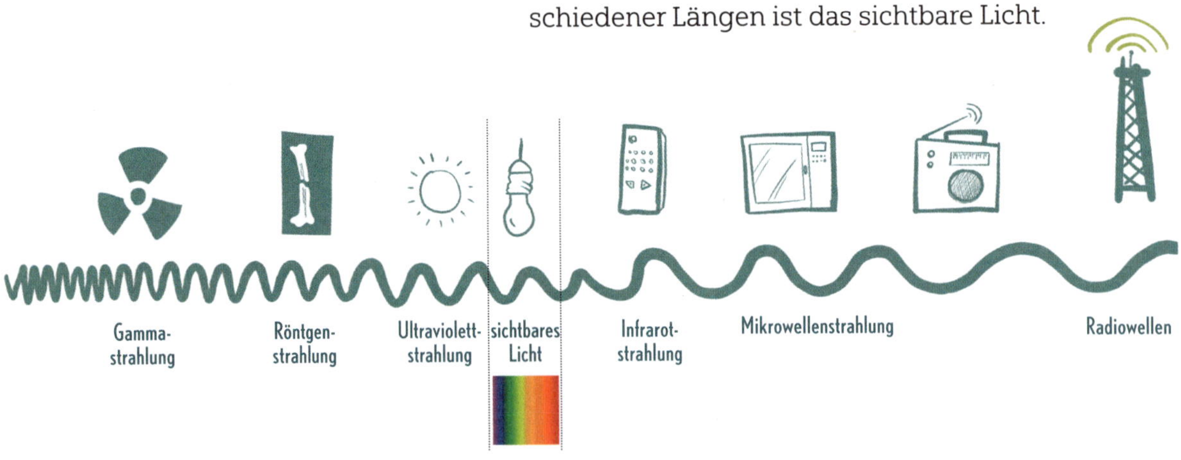

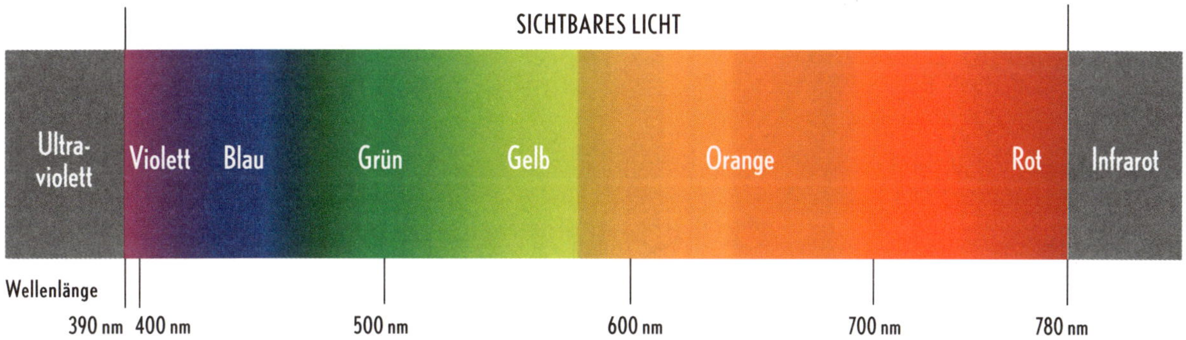

Die kürzeste für uns Menschen sichtbare Wellenlänge ist etwa 390 nm. Sie erscheint uns blauviolett. Die längste für uns sichtbare Wellenlänge ist etwa 780 nm. Sie erscheint uns rot. Die Wellenlängen dazwischen erscheinen uns in den Farben des Regenbogens. Manche Tiere können auch noch das etwas kurzwelligere ultraviolette (UV-)Licht oder das etwas langwelligere Infrarotlicht sehen.

VOM SINNESREIZ BIS ZUR SINNESWAHRNEHMUNG

Das Vorhandensein von Licht allein lässt uns aber noch nicht sehen. Wir müssen auch die Fähigkeit haben, diese Lichtinformation von außen aufzunehmen. Und dafür haben wir spezielle Lichtrezeptoren. Das sind Zellen, die für Licht empfindlich sind. Bei uns Menschen befinden sie sich im Inneren des Auges, und zwar in der sogenannten Netzhaut. Wenn nun der Sinnesreiz »Licht« auf einen Lichtrezeptor trifft, dann wird die Information in ein elektrisches Signal übersetzt und dieses Signal über Nervenleitungen zum Gehirn weitergeleitet. Dort werden die Informationen der vielen Millionen Lichtrezeptoren verarbeitet und wieder zu einem gemeinsamen Bild zusammengefügt. Dort entsteht also die Sinneswahrnehmung.

Du brauchst
- *ein Notizheft*
- *einen Bleistift*

Auge-Hand-Koordination

Zeichne auf eine Seite einen Marienkäfer. Male dann auf die nächste Seite den gleichen Marienkäfer, nun aber mit geschlossenen Augen! Na, wie groß sind die Unterschiede zwischen den beiden Zeichnungen? Du wirst bemerken: Auch für die feine Kontrolle der Handbewegung ist das Sehen wichtig!

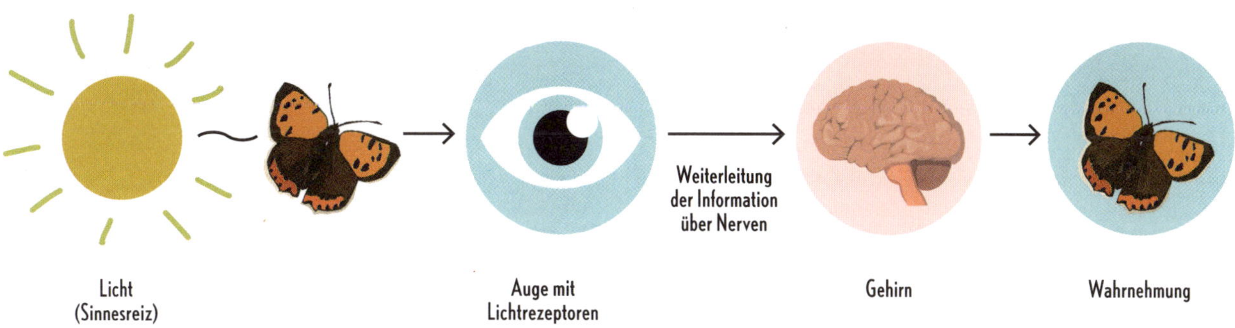

VON EINFACH BIS KOMPLIZIERT

Sehen bedeutet im einfachsten Fall die Unterscheidung zwischen Hell und Dunkel. Kompliziertere Augenkonstruktionen erlauben auch das Sehen von Bildern und Farben.

EINZELNE LICHTREZEPTOREN

Der **REGENWURM** besitzt in seiner Haut verstreut einzelne Lichtrezeptoren, mit denen er Hell und Dunkel unterscheiden kann. Das scheint wenig, aber für ihn ist es dennoch überlebenswichtig, denn so bemerkt er, wenn er aus dem Boden herauskommt und an die für ihn gefährliche Oberfläche gelangt. Auch die Haut vieler Stachelhäuter ist lichtempfindlich, so zum Beispiel die vom **SEEIGEL.**

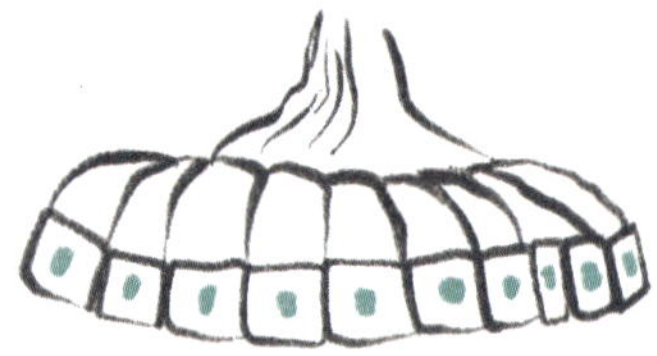

DAS FLACHAUGE

Flachaugen bestehen aus einer Schicht von Lichtrezeptoren und einer Pigmentschicht, d. h. einer gefärbten Schicht, die die Lichtrezeptoren von der einen Seite vor Lichteinfall abschirmt. Man findet Flachaugen bei Quallen, **SEESTERNEN** und einigen Arten von Würmern.

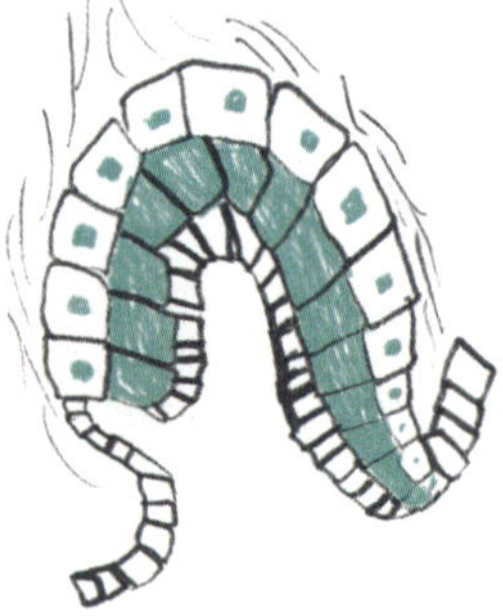

DAS GRUBENAUGE

Wenn die Schicht grubenförmig vertieft ist, spricht man von Grubenaugen. Solche Augen sind zum Beispiel bei einigen **SCHNECKEN** zu finden. Sie erlauben das Unterscheiden von Hell und Dunkel und aus welcher Richtung das Licht kommt.

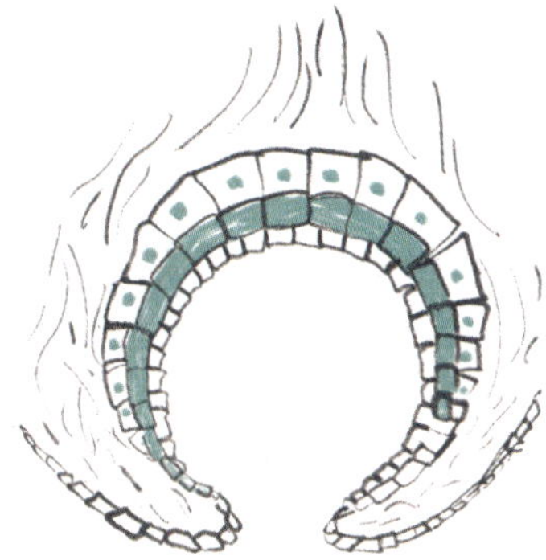

DAS LOCHAUGE

Beim Lochauge des im Wasser lebenden **NAUTILUS** ist die Grube so weit geschlossen, dass das Licht nur noch durch eine kleine Öffnung zu den Lichtrezeptoren gelangen kann. So können nun sogar Bilder gesehen werden. Diese haben aber eine schlechte Auflösung und sind wegen der geringen Lichtmenge, die auf die Lichtrezeptoren trifft, sehr lichtschwach. Das Prinzip ähnelt einer Lochkamera.

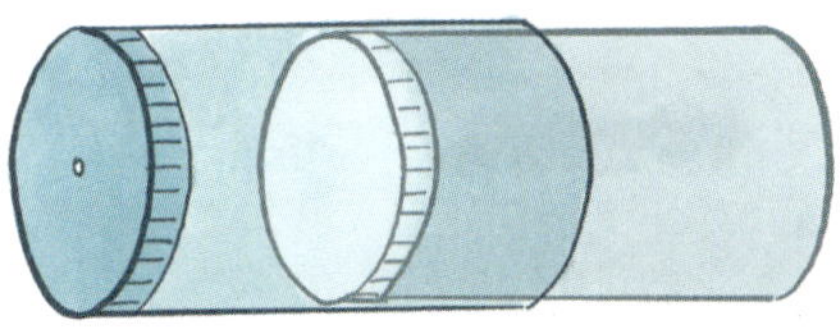

DAS LINSENAUGE

Noch ausgereifter als das Lochauge ist das Linsenauge, das bei allen Wirbeltieren zu finden ist. Auf der nächsten Seite erfährst du mehr darüber.

Du brauchst

- *eine längliche Dose (z. B. eine Chipsdose)*
- *schwarzes DIN-A4-Tonpapier*
- *Transparentpapier*
- *eine Schere*
- *Klebstoff*
- *einen Nagel*

Stelle eine Lochkamera her!

Stich mit dem Nagel vorsichtig ein kleines Loch in die Mitte des Dosenbodens. Lass dir dabei von einem Erwachsenen helfen. Rolle das schwarze DIN-A4-Tonpapier zusammen, sodass du es gerade noch in die Dose hineinschieben kannst. Klebe die Enden zusammen und verschließe ein Ende der Röhre mit dem Transparentpapier. Schiebe jetzt die Röhre mit dem Transparentpapier voraus in die Dose.

Nun ist deine Lochkamera fertig und du kannst deine Umgebung durch die Kamera betrachten. Was fällt dir dabei auf? *Schau bei den Lösungen auf Seite 95 nach.*

DAS LINSENAUGE

Das Linsenauge findet man bei den Tintenfischen und den Wirbeltieren (den Fischen, Vögeln, Amphibien, Reptilien und Säugetieren). Und damit auch bei uns Menschen! Linsenaugen liefern helle Bilder in hoher Auflösung.

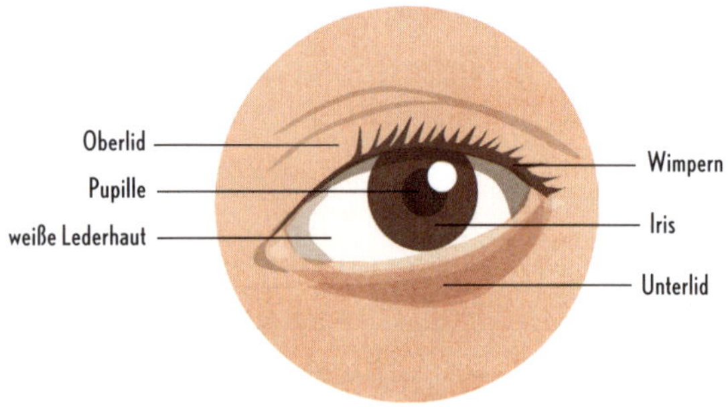

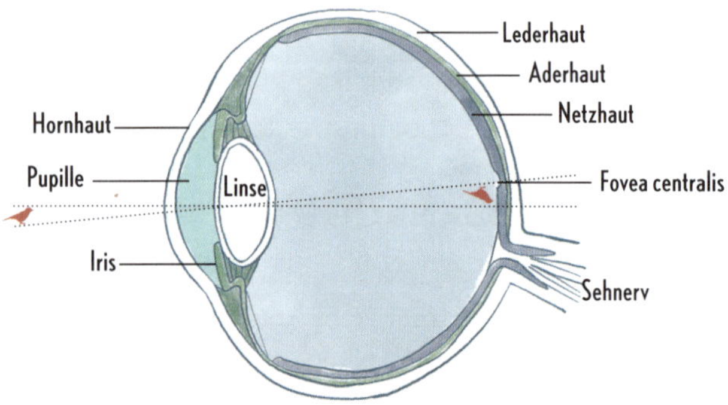

VOM LICHTREIZ ZUM BILD

Das ins Auge einfallende Licht wird von der **Hornhaut** und der **Linse** gebrochen. Die Lichtstrahlen kreuzen sich im **Augapfel** und erzeugen auf der **Netzhaut** ein scharfes, auf dem Kopf stehendes Bild, das erst im Gehirn wieder umgedreht wird. Die Menge des einstrahlenden Lichts wird durch die Größe der **Pupille** eingestellt. Sie wird von den Muskeln in der **Iris** (Regenbogenhaut) gesteuert.

SO WIRD'S SCHARF!

Das Scharfstellen unterschiedlich weit entfernter Gegenstände erfolgt bei den Säugetieren, und damit auch bei uns Menschen, durch die Veränderung der **Linsenform** (flach oder dick). Denn dadurch ändert sich auch die Brechung des Lichts. Der Abstand zwischen Linse und Netzhaut bleibt gleich.

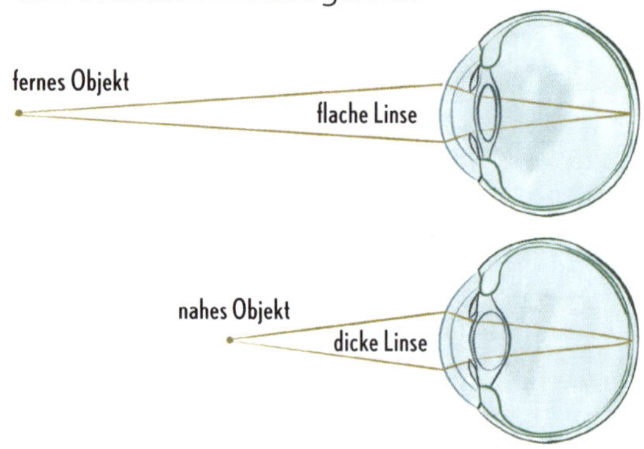

Fische hingegen schieben die Augenlinse nach vorne und hinten, um scharf zu stellen. Dafür bleibt bei ihnen die Linsenform unverändert.

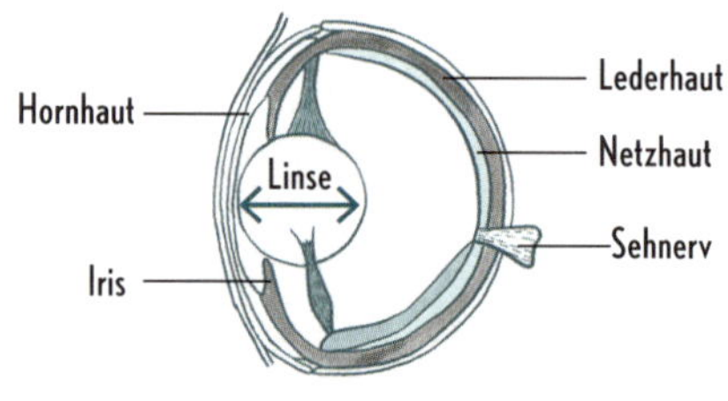

Übrigens: Richtig scharf sehen können wir nur in einem kleinen Bereich der Netzhaut: der sogenannten Sehgrube (**Fovea centralis**). In diesem Bereich ist die Anzahl an Lichtrezeptoren und damit die Anzahl wahrnehmbarer Bildpunkte besonders groß. Wir sprechen daher auch von der Stelle des schärfsten Sehens.

MIT ADLERAUGEN

Rekordhalter in puncto Sehstärke ist der **ADLER.** In seiner Sehgrube hat er etwa 8-mal so viele Lichtrezeptoren wie der Mensch. Ähnlich wie die Anzahl der Pixel in einer Kamera bestimmt die Anzahl der Lichtrezeptoren das Auflösungsvermögen. Dieses ist beim Adler also besonders groß. Selbst eine kleine Maus kann er schon aus mehreren Kilometern Entfernung entdecken. Zudem verlässt er sich nicht nur auf eine Sehgrube, sondern hat gleich zwei davon, von denen die eine zur Seite gerichtet ist. So kann er auch im äußeren Blickfeld scharf sehen. Sein räumliches Sehen (3D-Sehen) ist damit deutlich besser.

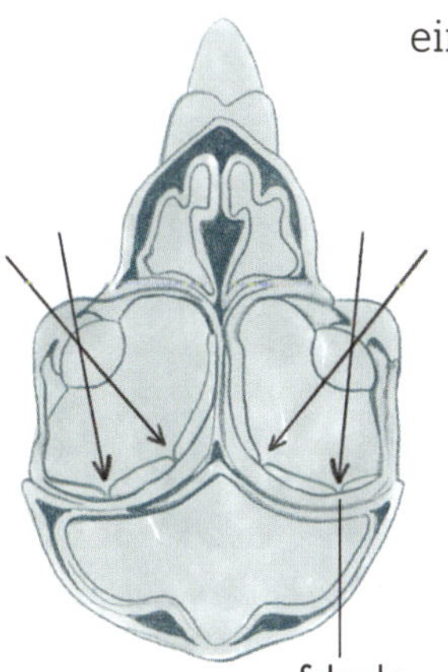

MIT DEM FERNGLAS UNTERWEGS

Mach einen Spaziergang mit einem Fernglas und beobachtete weit entfernte Objekte, wie zum Beispiel Bäume, Häuser, Tiere. Na, welche Details kannst du nun erkennen, die dir vorher verborgen geblieben waren? Nun stell dir vor, dass der Adler ähnlich scharf sehen kann wie du mit dem Fernglas – nur mit den bloßen Augen. Faszinierend, oder?

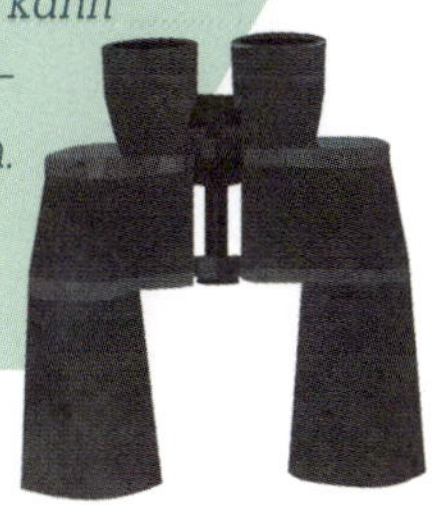

DAS FACETTENAUGE

Eine Weiterentwicklung der Augen in eine ganz andere Richtung ist das Facettenauge der Insekten. Es besteht aus vielen, teilweise mehreren Tausend Einzelaugen, die strahlenförmig nach außen zeigen, sodass eine gewölbte Oberfläche entsteht. Je mehr Einzelaugen, umso genauer ist die Auflösung des Gesamtbildes.

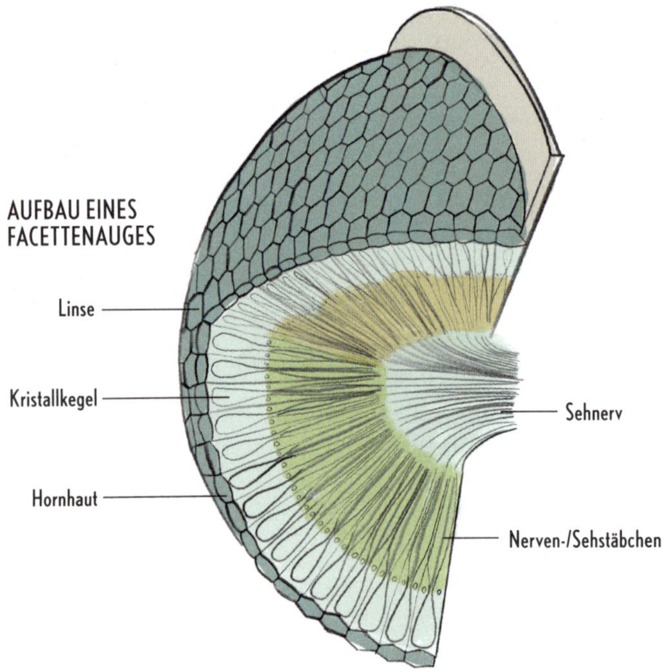

MEISTER IM BEWEGUNGSSEHEN

Die Einzelaugen des Facettenauges liefern keine scharfen Bilder. Dafür haben die Facettenaugen aber eine große Stärke: Denn mit ihnen lassen sich Bewegungen besonders gut sehen. Wenn sich also etwas im Blickfeld bewegt, dann wird das mithilfe der Einzelaugen im Facettenauge sehr rasch erkannt. Und das ist wichtig: Denn so kann das Insekt einen herannahenden Feind frühzeitig bemerken und dann noch rechtzeitig fliehen.

Libellen sind Rekordhalter mit bis zu 30 000 Einzelaugen und damit einer sehr hohen Bildauflösung. Mit ihren riesigen Augen haben sie ein Sehfeld von fast 360° – also einen kompletten Rundumblick.

EINE KUNTERBUNTE WELT

Licht kann verschiedene Wellenlängen haben. Der Mensch und viele Tiere können diese verschiedenen Wellenlängen unterscheiden und sie als unterschiedliche Farben wahrnehmen. Dies ist die Grundlage dafür, dass wir die Welt in bunten Farben sehen!

ENTSTEHUNG VON FARBEN

Das Sonnenlicht erscheint uns weiß. Tatsächlich sind dort aber alle Farben des Regenbogens enthalten. Sichtbar werden diese Farben zum Beispiel, wenn nach einem Regenguss die Sonne hervorkommt und das Sonnenlicht an den Wassertröpfchen in der Luft gebrochen und in die einzelnen Farben aufgespalten wird. Dann siehst du einen Regenbogen am Himmel!

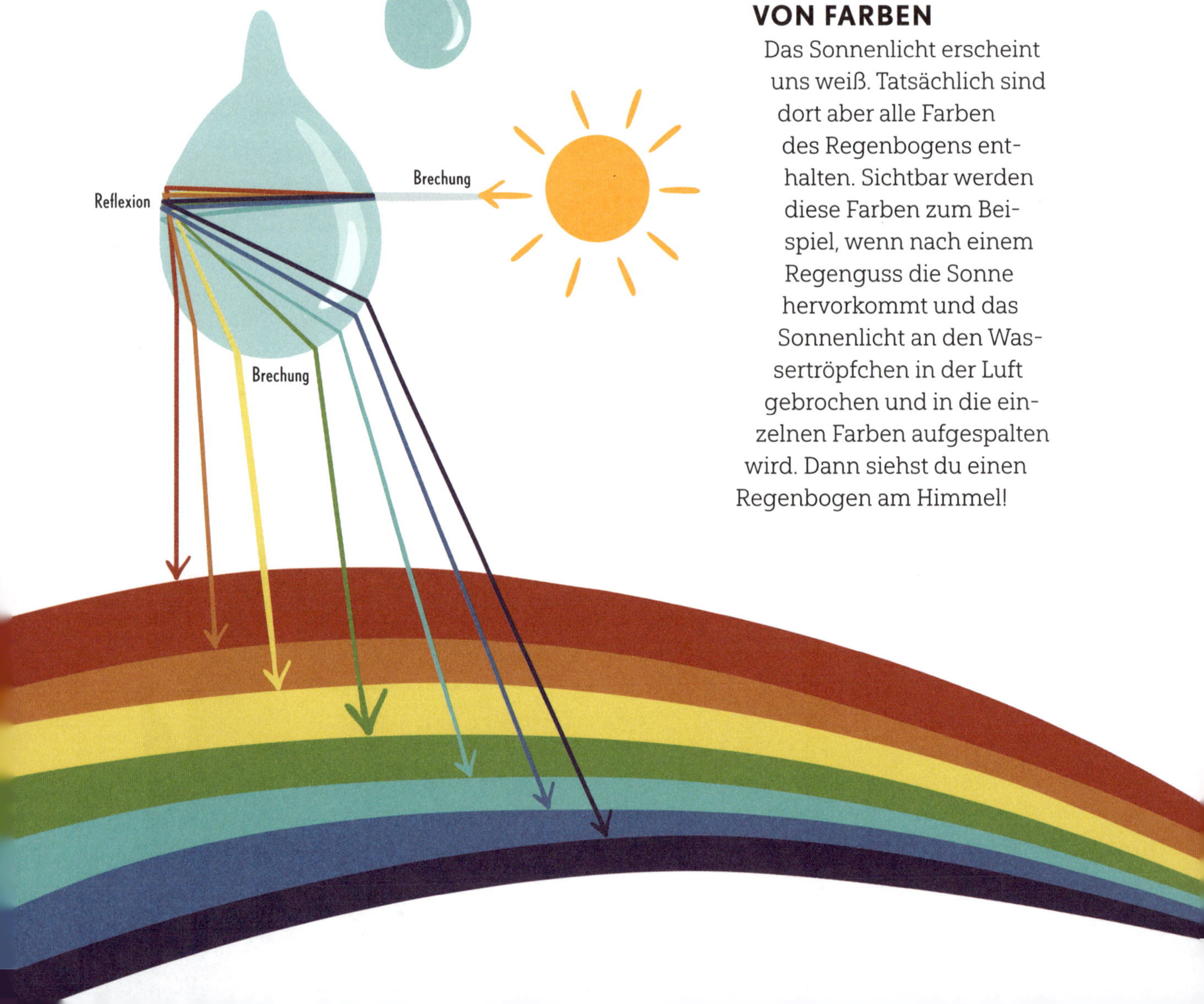

WAHRNEHMUNG VON FARBEN

Wenn nun das Sonnenlicht auf einen Gegenstand trifft, dann gibt es mehrere Möglichkeiten, in welcher Farbe wir den Gegenstand sehen:
Wird das gesamte Licht zurückgeworfen (reflektiert) und kein Licht verschluckt, dann sehen wir den Gegenstand weiß.

Wird das gesamte Licht verschluckt und kein Licht zurückgeworfen, dann sehen wir den Gegenstand schwarz.

Wird nur ein Teil des Lichts verschluckt, dann sehen wir den Gegenstand in der Farbe, die zurückgeworfen wird. Genauer genommen erkennen wir die Wellenlänge, die dieses Licht hat, und nehmen sie als eine bestimmte Farbe wahr.

Verantwortlich hierfür sind die verschiedenen Lichtrezeptoren: Bei den Wirbeltieren gibt es Stäbchen für das Hell-Dunkel-Sehen und Zapfen für die Wahrnehmung von Farben.

Du brauchst
- *eine Taschenlampe*
- *eine flache Schale*
- *einen Spiegel*

Mach einen Regenbogen!

Stelle die Schale vor eine weiße Wand und fülle sie mit Wasser. Lehne den Spiegel an einer Seite schräg an, sodass die Spiegelfläche zur Wand zeigt. Die Fläche sollte teilweise mit Wasser bedeckt sein. Falls der Spiegel verrutscht, nimm etwas Knete, um ihn zu fixieren. Schalte nun das Licht aus, damit der Raum dunkel ist, und leuchte mit der Taschenlampe auf die Spiegelfläche. Halte die Lampe dabei möglichst flach. Nun guck an die Wand. Was siehst du? Beschreibe das, was du siehst, in deinem Notizheft! Auf Seite 95 findest du eine Erklärung für deine Beobachtungen!

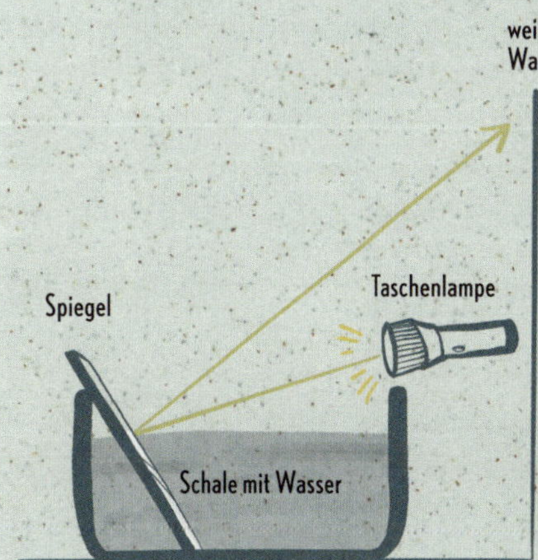

DAS FARBENSEHEN

Welche Farbe hat der Apfel? Du denkst »rot«? Genau, wir Menschen sehen ihn in Rot. Aber ein Hund würde ihn stattdessen in Gelb sehen und andere Tiere in noch anderen Farben. Wie kommt das? Verantwortlich dafür sind die verschiedenen Lichtrezeptoren. Bei den Wirbeltieren gibt es erst einmal die Stäbchen für das Hell-Dunkel-Sehen und dann die Zapfen speziell fürs Farbensehen. Die Zapfen wiederum gibt es in unterschiedlichen Sorten, die jeweils für bestimmte Wellenlängen und damit bestimmte Farben besonders empfindlich sind. Die Sorten von Zapfen, die wir besitzen, bestimmen also, welche Farben wir sehen können.

MENSCHEN UND MENSCHENAFFEN

Wir Menschen haben drei verschiedene Zapfentypen. Sie sind besonders empfindlich in den Wellenlängen, die uns als Rot, Blau und Grün erscheinen. Das Licht einer Wellenlänge erregt alle drei Zapfentypen, aber in unterschiedlichem Maße. Im Gehirn wird die Information der drei Zapfentypen dann schließlich zu einer einzelnen Farbe verrechnet. So können wir mit unseren drei Zapfentypen mehrere Millionen verschiedener Farben unterscheiden. Auch die Menschenaffen haben drei Zapfen und sehen Farben sehr ähnlich wie wir Menschen.

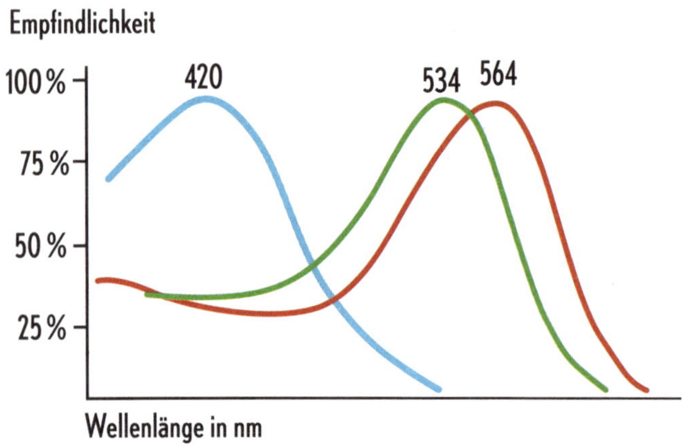

ANDERE AN LAND LEBENDE SÄUGETIERE

Die meisten anderen an Land lebenden Säugetiere haben jedoch nur zwei Zapfentypen: einen im grünen und einen im blauen Bereich. Der Zapfen im roten Bereich fehlt. Grün lässt sich für diese Tiere somit nur schlecht von Rot oder Orange unterscheiden. Reife rote Früchte zwischen den grünen Blättern sind daher viel schwieriger zu erkennen. Die **MENSCHENAFFEN** und der Mensch sind da mit ihrem Rotzapfen klar im Vorteil!

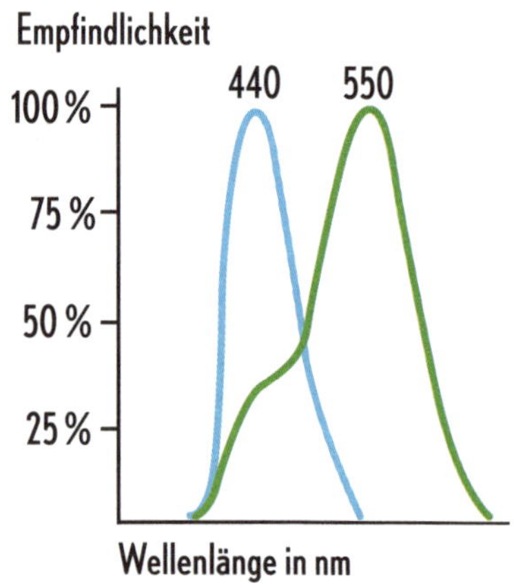

IM WASSER LEBENDE SÄUGETIERE

Die im Wasser lebenden Säugetiere, wie Wale, **DELFINE**, Robben, Seekühe und Seeotter, haben nur einen oder gar keinen Zapfentyp, dafür vorwiegend oder ausschließlich Stäbchen. Sie können somit keine Farben unterscheiden und sehen die Welt »nur« in verschiedenen Grautönen. Sie sind farbenblind. Du denkst, dass das ein Nachteil für sie ist? Nicht unbedingt! Denn diese Tiere jagen in der Tiefe des Meeres. Weil das Wasser die längerwelligen Anteile des Lichts (Rot und Grün) herausfiltert, gelangt in die tieferen Schichten ohnehin nur noch das blaue Licht. Das heißt: Selbst wenn sie verschiedene Wellenlängen unterscheiden könnten, würde ihnen das wenig nützen. Wichtiger dort in der Tiefe ist es, überhaupt noch Licht einzufangen. Und da sind die Stäbchen von Vorteil. Sie sind nämlich lichtempfindlicher!

NACHTAKTIVE SÄUGETIERE

Viele rein nachtaktive Säugetiere haben nur Stäbchen und sind farbenblind. Die Forscher haben dies zum Beispiel beim **WASCHBÄR,** beim Goldhamster und bei verschiedenen Arten von Mäusen nachgewiesen. Sie können in der Dunkelheit mit den lichtempfindlicheren Stäbchen noch sehen, wenn das Licht für die Zäpfchen schon nicht mehr ausreicht. Aber weil die Stäbchen kein Farbensehen erlauben, sehen sie die Welt nur in Grautönen.

DIE ROLLE DES GEHIRNS

Auch wenn wir wissen, welche Lichtrezeptoren ein Tier besitzt, heißt es dennoch nicht, dass wir genau wissen, was es letztendlich sieht. Denn hier spielt noch etwas anderes hinein: das Gehirn! Dieses entscheidet, wie die Daten verarbeitet werden. Und was die einzelnen Tiere dann tatsächlich sehen, können sie uns ja nicht erzählen. Die Forschenden machen daher Verhaltensversuche, bei denen sie genau beobachten, wie die Tiere auf bestimmte Eindrücke, zum Beispiel verschiedene Farben, reagieren.

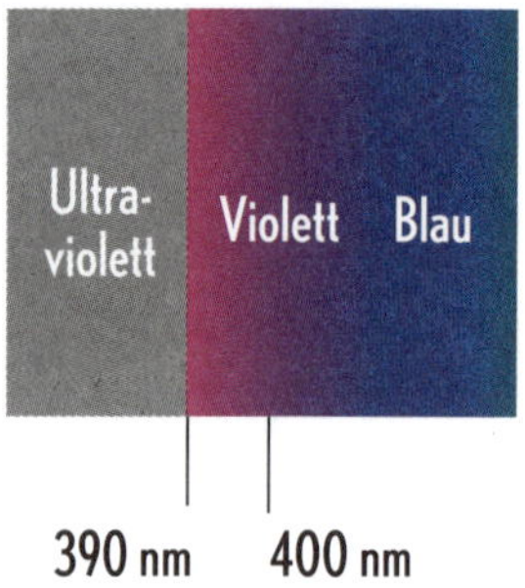

SEHEN VON ULTRAVIOLETTEM LICHT

Ultraviolettes (UV-)Licht ist für uns Menschen nicht sichtbar. Es wird von unserer Augenlinse herausgefiltert und erreicht somit erst gar nicht die Netzhaut unseres Auges. Wir nehmen es nur indirekt als den Teil des Sonnenlichts wahr, der unsere Haut bräunt. Viele Tiere aber haben einen zusätzlichen Photorezeptor, der seine Empfindlichkeit im UV-Bereich hat. Sie können UV-Licht sehen und nehmen die Welt in ganz anderen und häufig mehr Farben wahr als wir selbst, so zum Beispiel viele Vögel, Fische, Reptilien, Insekten und Krebstiere.

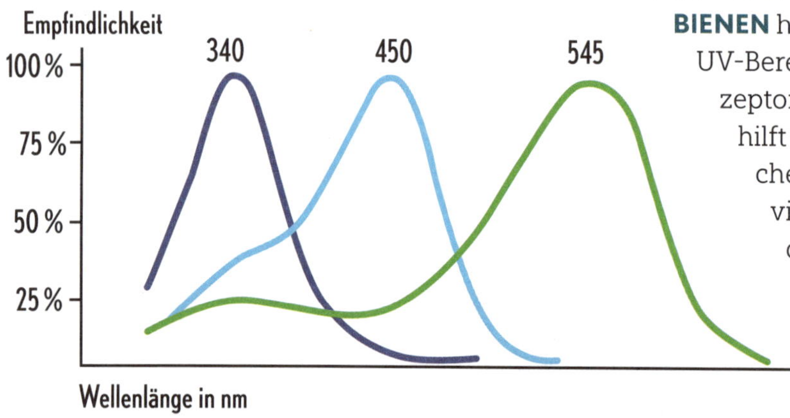

FARBIGE LANDEBAHNEN

BIENEN haben einen Photorezeptor im UV-Bereich, dafür fehlt ihnen der Rezeptor im Rotbereich. Das UV-Licht hilft ihnen bei der Nahrungssuche. Denn im UV-Bereich zeigen viele Pflanzen spezielle Muster, die den Bienen signalisieren, wo Nektar und Pollen zu finden sind. Guck dir mal die Blüten unten an! Links siehst du sie, wie wir sie sehen: leuchtend gelb! Rechts daneben können wir erahnen, in welchen Farben die Biene sie sehen würde. Die violette Färbung in der Mitte ist das Signal für die Biene, dass sie hier noch Nahrung finden kann. Eine eingezeichnete Landebahn sozusagen! Praktisch, oder?

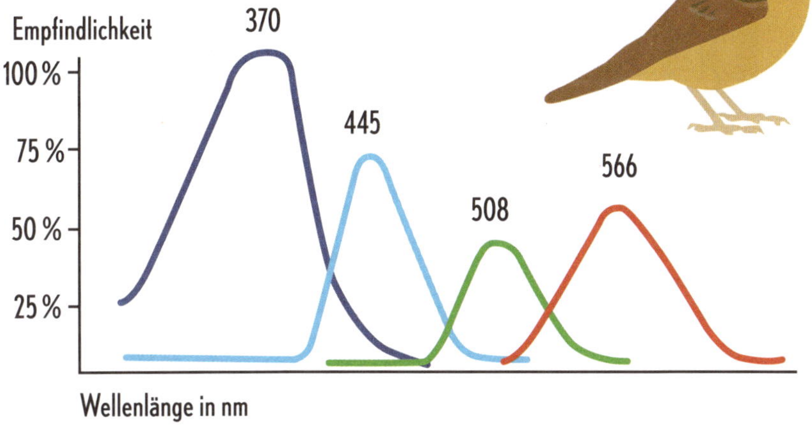

LECKERE BEEREN

VÖGEL sehen die Welt besonders farbig. Sie besitzen den UV-Rezeptor zusätzlich zu den drei anderen Zapfenrezeptoren und können so das gesamte Farbspektrum wie wir Menschen sehen – und dazu noch den UV-Bereich. Wichtig ist das zum Beispiel bei der Nahrungssuche. Denn reife und unreife Beeren leuchten im UV-Licht anders und lassen sich so noch besser unterscheiden. Aber auch bei der Partnersuche spielt das eine Rolle. Denn je stärker das Gefieder im UV-Licht leuchtet, umso besser kommt das beim Partner an!

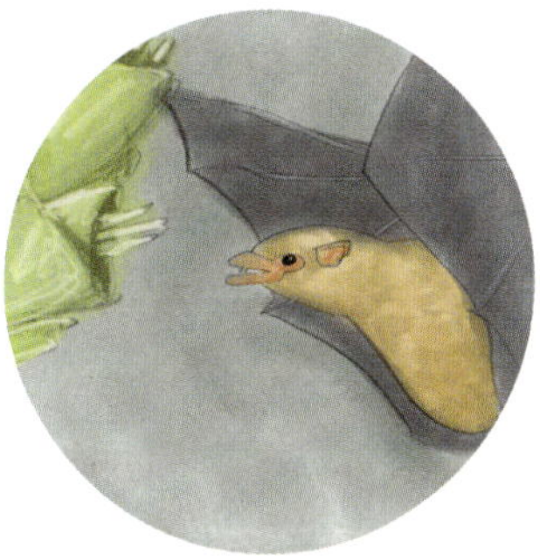

FLEDERMÄUSE

Viele in den Tropen lebende **FLEDERMÄUSE** ernähren sich von Blütennektar. Weil sie auch im UV-Bereich sehen, können sie die im UV-Licht leuchtenden Blüten zielgerichtet finden.

IM MEER

Im Meer werden die längerwelligen roten und grünen Anteile des Lichts schon in den höheren Schichten des Wassers herausgefiltert und etwas weiter unten dann auch die kurzwelligeren blauen Anteile. Weiter in die Tiefe dringt nur noch das UV-Licht. Denn dieses ist ja noch kurzwelliger. Dass viele **FISCHE** auch im UV-Bereich sehen können, verwundert somit nicht, weil sie sich damit auch im tieferen Wasser orientieren und Nahrung finden können.

POLARISATION

Die Sonne ist für viele Tiere ein wichtiger Orientierungspunkt am Himmel. Nur – was passiert an einem bewölkten Tag, wenn die Sonne gar nicht zu sehen ist? Seltsamerweise können einige Tiere auch dann erkennen, wo sich die Sonne befindet. Wie ist das möglich?

POLARISATION DES SONNENLICHTS

Das Sonnenlicht breitet sich in Wellen aus. Dabei können die Wellen so schwingen, dass die Wellenbäuche nach oben und unten zeigen – oder nach rechts und links – oder in jede andere beliebige Richtung. Das Licht ist unpolarisiert. In der Atmosphäre wird das Sonnenlicht nun aber gestreut und schwingt dann nicht mehr in alle, sondern nur noch in eine Richtung. Die Welle bewegt sich dann zum Beispiel nur noch nach links und rechts oder nur noch nach oben und unten. Das Licht wird polarisiert.

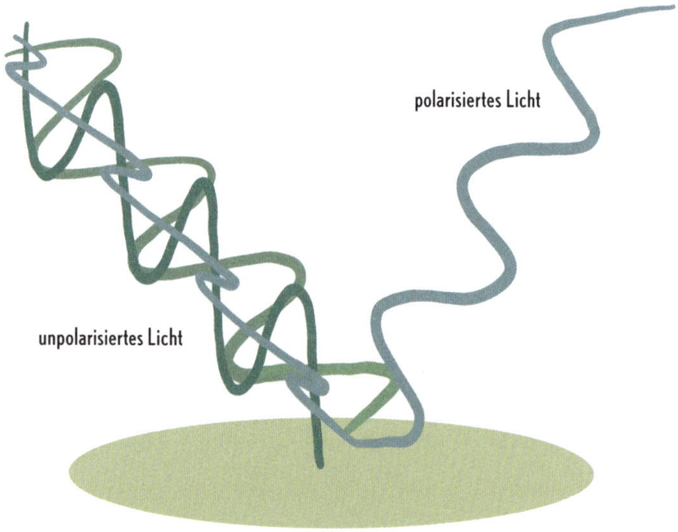

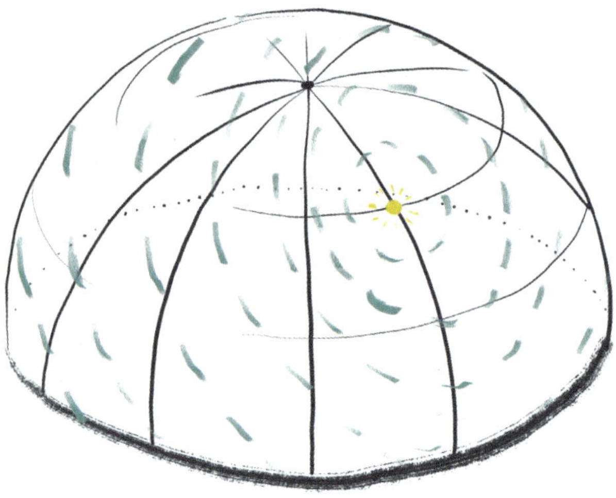

POLARISATIONSMUSTER

Durch die Polarisation des Lichts in der Atmosphäre entsteht am Himmel ein Polarisationsmuster mit Kreisen – um die Sonne herum. Für uns Menschen ist dieses Muster unsichtbar. Aber viele Insekten, Fledermäuse und Vögel können es sehen. Und sie können dadurch selbst bei bedecktem Himmel erkennen, wo die Sonne steht, und sich daran orientieren. Es dient ihnen sozusagen als Kompass.

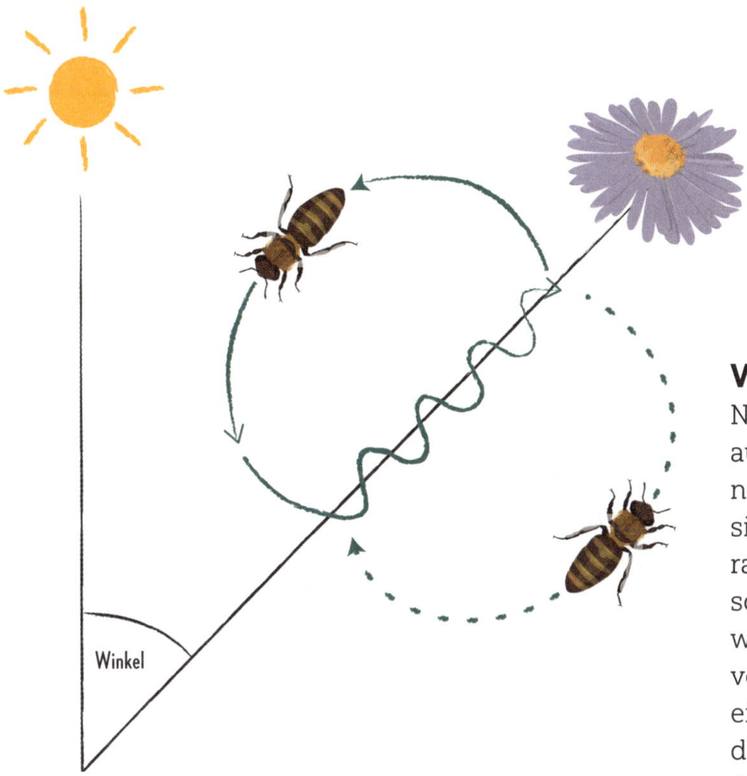

DER SCHWÄNZELTANZ DER HONIGBIENE

Wenn die **HONIGBIENE** nach der Futtersuche wieder zum Bienenstock zurückkehrt, »erzählt« sie den anderen Bienen im Inneren des Stocks, wo es die leckersten Blüten gibt. Das macht sie mithilfe eines sogenannten Schwänzeltanzes. Dabei bewegt sie sich auf einer Linie. Und diese Linie, genauer genommen der Winkel zur Sonne, gibt an, in welche Richtung die anderen Bienen fliegen müssen, um zu den leckeren Blüten zu gelangen. Und auch hier orientiert sich die Biene am Polarisationsmuster der Sonne. Die Dauer des Tanzes gibt übrigens an, wie weit die Blüten vom Stock entfernt sind. Die anderen Bienen bekommen also eine genaue Information, wo sie hinfliegen müssen, um ordentlich Nektar und Pollen zu sammeln.

VERWIRRENDE OBERFLÄCHEN

Nicht nur in der Atmosphäre, sondern auch an Wasseroberflächen wird Licht normalerweise gebrochen und polarisiert. Und viele Tiere orientieren sich daran. Nun führen aber auch von uns Menschen geschaffene glatte Oberflächen, wie zum Beispiel lackierte Autos, Photovoltaikanlagen und Asphaltstraßen, zu einer Polarisation des Lichts. Dies ist für die Tiere sehr verwirrend, insbesondere für viele Wasserinsekten. Und so fangen beispielsweise Libellen an, ihre Eier statt im Wasser auf Asphaltstraßen zu legen oder auf Autos, weil sie diese Oberflächen mit dem Wasser verwechseln. Von Naturschutzorganisationen wird daher gefordert, glänzende Baustoffe möglichst durch raue zu ersetzen und den Asphalt oder die Photovoltaikzellen mit weißen Markierungen zu versehen.

SEHEN IN DER DUNKELHEIT

Viele Tiere sind im Dunkeln unterwegs. Sie sind zum Beispiel in der Dämmerung oder bei Nacht aktiv oder leben tief im Meer, wo kaum noch Licht hingelangt. Du hast bereits erfahren, dass die Augen dieser Tiere dann meist viele Stäbchen, aber kaum oder gar keine Zapfen enthalten. Denn die Zapfen benötigen mehr Licht, um zu funktionieren, sind also bei wenig Licht nutzlos. Mit den Stäbchen können die Tiere hingegen auch bei geringer Lichtmenge noch sehen, wenn auch weniger scharf und nur in Grautönen. Welche weiteren Strategien hat die Natur zu bieten, um die Augen an die Dunkelheit anzupassen?

GROSSE AUGEN

Die Augen von nachtaktiven Tieren sind häufig besonders groß, um so viel Licht wie möglich einzufangen. Die größten Augen im Verhältnis zur Körpergröße hat der **KOBOLDMAKI.** Das größte Auge insgesamt hat übrigens der **KOLOSS-KALMAR.** Dieser riesige Tintenfisch lebt tief im dunklen Meer. Er hat einen Augendurchmesser von etwa 27 cm, also größer als ein Fußball.

EINE SPIEGELSCHICHT

Eine weitere Besonderheit der Augen vieler nachtaktiver Tiere, wie z. B. der Katze oder dem Fuchs, ist das ***Tapetum lucidum.*** Es ist eine Art Spiegelschicht hinter der Netzhaut. Sie wirft die ins Auge einfallenden Lichtstrahlen wieder zurück, sodass sie auf dem Rückweg die Lichtrezeptoren noch ein zweites Mal erregen. Ein Teil dieses gespiegelten Lichts verlässt auch wieder das Auge und ist verantwortlich für das geheimnisvolle Glühen der Augen, wenn sie im Dunkeln angeleuchtet werden.

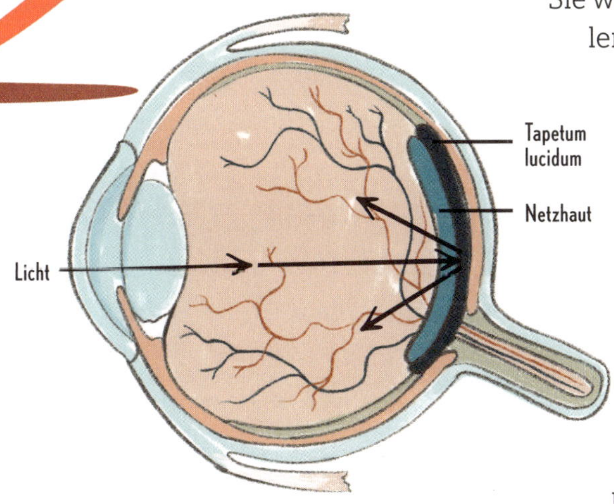

UND WENN ES GAR KEIN LICHT MEHR GIBT?

Ganz tief im Meer gibt es kein Sonnenlicht mehr. Können die Tiere, die dort leben, dann überhaupt noch etwas sehen? Einige Tiefseebewohner haben sich hier einen tollen Trick einfallen lassen: Sie stellen einfach ihr eigenes Licht her!

MIT TASCHENLAMPE UNTERWEGS

Der **DRACHENFISCH PACHYSTOMIAS MICRODON** produziert rotes Licht, mit dem er seine Umgebung wie mit einer Taschenlampe ausleuchtet. Da die meisten Meeresbewohner für rotes Licht blind sind, kann er dabei unbeobachtet auf Beutejagd gehen.

VERWIRRUNGSTAKTIK

TIEFSEEANGLERFISCHE haben am Kopf eine Angel, an deren verdicktem Ende ein Leuchtorgan sitzt. Mit dem Licht locken sie ihre Beute an.

Helle Städte in der Nacht
Häufig werden die Städte auch in der Nacht hell erleuchtet. Was denkst du, welche Folgen das für die Tiere haben könnte? Denke zum Beispiel an die nachtaktiven Insekten. Schreibe deine Überlegungen in dein Notizheft.

Deine Pupillen
Stelle dich vor einen Spiegel und guck dir in die Augen. Nun mach das Licht aus – und wieder an. Wie verändern sich die schwarzen Pupillen?

Kannst du gut lesen?
Lies etwas in einem Buch: einmal bei hellem Licht und einmal, wenn es dunkler ist. Was fällt dir auf? Hast du eine Erklärung dafür?

Die Erklärung zu den Versuchen findest du auf Seite 95.

QUALLE AEQUORIA VICTORIA

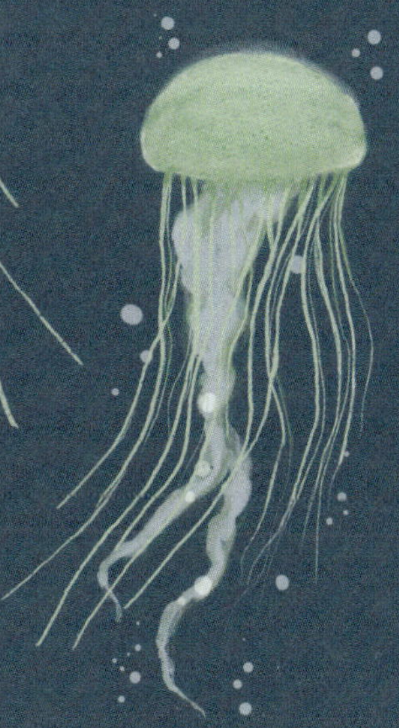

ANGELN UNTER WASSER

Das Leuchten kann auch dazu dienen, Angreifer abzuschrecken oder sich zu tarnen. Einige **QUALLEN** können leuchtende Körperteile gezielt abstoßen, um Feinde zu verwirren.

JÄGER ODER GEJAGTE?

Guck dir die Augenstellung eines Tieres an, und du kannst häufig sofort erkennen, ob es sich bei diesem Tier um ein Raub- oder ein Beutetier handelt.

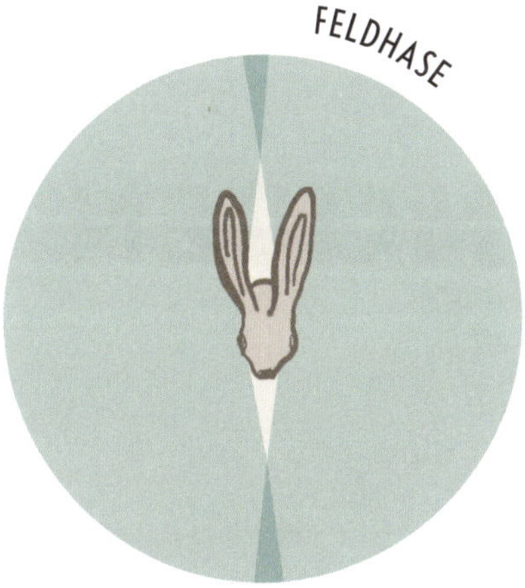

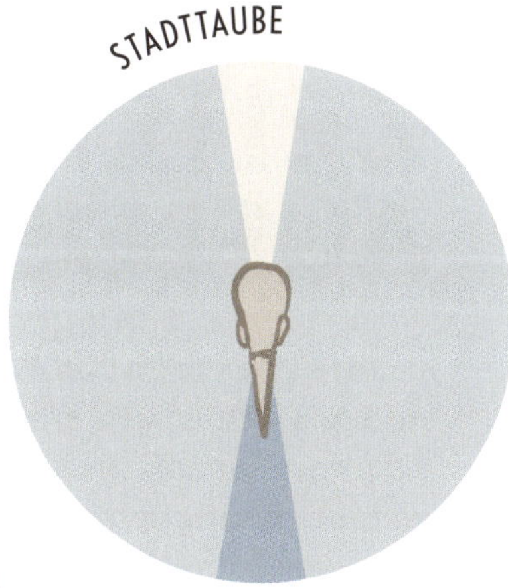

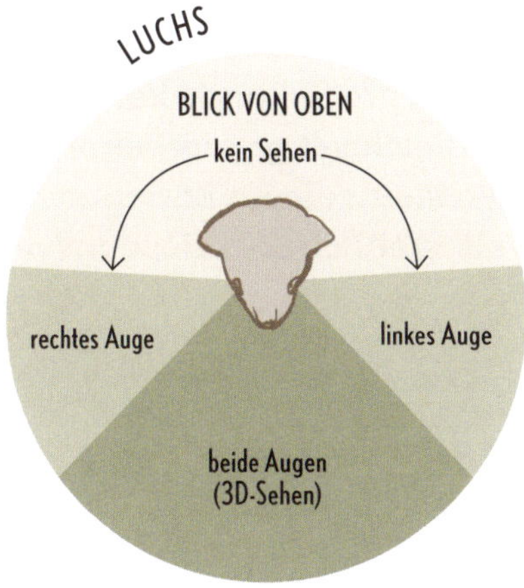

UNTERSCHIEDLICHE GESICHTSFELDER

Bei den Raubtieren sind die Augen meist vorne am Kopf. Das Gesichtsfeld ist dadurch zwar klein, aber dafür überlappen sich die zwei Sehfelder der Augen. Über die Information der zwei Augen und die Stellung der beiden Augen zueinander kann das Gehirn nun die Entfernung und Position des Beutetieres genau berechnen. Das Tier kann räumlich (3D) sehen. Bei den Beutetieren findest du die Augen hingegen an den Seiten des Kopfes. Zwar ist der überlappende Bereich der zwei Sehfelder nun geringer. Dafür können die Tiere viel weiter nach hinten sehen und frühzeitig fliehen, wenn sich ein Jäger anschleicht.

Und dein eigenes Gesichtsfeld?

Nimm einen Stift in deine rechte Hand und halte sie mit ausgestrecktem Arm vor dein Gesicht. Decke nun das linke Auge mit deiner linken Hand ab. Bewege den Stift langsam und mit ausgestrecktem Arm nach außen. Gucke dabei nicht zur Seite, schau immer geradeaus! Wann kannst du den Stift nicht mehr sehen? Zeichne die Position deines Armes in dein Notizheft. Nun mach den gleichen Versuch mit dem anderen Auge.
Sieh nach bei den Lösungen auf Seite 95.

Unterwegs im Zoo

Guck dir bei deinem nächsten Zoobesuch die Augen der Zootiere an. Passt die Augenstellung zu der Lebensweise des jeweiligen Tieres? Schreibe deine Beobachtungen in dein Notizheft!

ZEITLICHES AUFLÖSUNGSVERMÖGEN

Lichtreize werden von den Lichtrezeptoren im Auge eingefangen und ans Gehirn gesendet. Doch pro Sekunde kann nur eine begrenzte Anzahl an Bildern gleichzeitig verarbeitet werden. Sind es mehr Bilder, verschmelzen sie zu einem Bewegungsablauf. Man bezeichnet dies auch als »zeitliches Auflösungsvermögen«.

TRÄGE AUGEN

Unser menschliches Auge ist recht träge, unser zeitliches Auflösungsvermögen also eher gering. Schon bei unter 20 Bildern pro Sekunde (bei sehr guten Lichtverhältnissen bis zu etwa 60 Bildern) werden einzelne Bilder nicht mehr als Bilder wahrgenommen, sondern verschmelzen zu einem Bewegungsablauf. Im Kino werden standardmäßig 24 Bilder pro Sekunde aneinandergereiht und wir Menschen sehen diese Bilderfolge als Film mit flüssigen Bewegungen. Einige Tiere sind uns hier deutlich überlegen.

Du brauchst

- *festes Papier*
- *einen Holzspieß*
- *Filzstifte*
- *Klebstoff*

Bastle ein Thaumatrop!

Schneide zwei Stücke Papier von etwa 5 x 5 cm aus. Nun male auf eines der Blätter einen Baum mit einem Ast. Auf das andere Blatt malst du eine Eule, und zwar auf Höhe des Astes. Falte nun die Papiere der Länge nach in der Mitte. Die Kante gibt vor, wo der Holzspieß angeklebt werden soll. Klebe nun die Rückseiten der Bilder (mit dem Holzspieß dazwischen) zusammen. Lass alles gut trocknen. Wenn du nun den Holzspieß sehr schnell zwischen den Händen drehst, wird die Eule plötzlich auf den Ast gezaubert. Auch hier ist die Trägheit deiner Augen verantwortlich für diesen optischen Effekt.

Du brauchst

- *mindestens 30 weiße Karteikarten (oder weißes Papier, das du auf etwa 10 x 7 cm zuschneidest)*
- *einen Bleistift*
- *Buntstifte*
- *dicke Klammern*

Bastle ein Daumenkino!

Zeichne auf eine Karte ein Motiv (zum Beispiel eine Biene oder einfach einen Ball). Halte die Karte an einer Fensterscheibe gegen das Licht und lege eine zweite Karte darauf. Nun zeichne das gleiche Motiv erneut, aber etwas versetzt. Mach so für die nächsten Karten weiter. Male am Ende das Motiv an. Sortiere die Seiten und klammere den Stapel fest. Na, kannst du mit deinem Daumen dein Motiv in Bewegung setzen? Aufgrund der Trägheit unserer Augen werden die Einzelbilder zu einem bewegten Film. Du kannst nach ähnlichem Prinzip natürlich noch aufwendigere Filme gestalten, wenn du möchtest.

HOCHGESCHWINDIGKEITSSEHEN

Viele Insekten, aber auch viele Vögel haben ein hohes zeitliches Auflösungsvermögen. So kann die **BLAUMEISE** nahezu 150 und die Fliege und die Biene bis zu 250 Bilder pro Sekunde sauber unterscheiden. Sie würden im Kino keinen bewegten Film, sondern viele einzelne Bilder sehen. Das schnelle Sehen ist für diese Tiere aber auch extrem wichtig. Denn als Hochgeschwindigkeitsflieger benötigen sie die Fähigkeit, schnelle Flugmanöver auszuführen, um Feinden auszuweichen und nirgendwo gegenzustoßen.

GANZ BESONDERE AUGEN

Bei der Anpassung an die speziellen Bedürfnisse der verschiedenen Lebensräume sind teils sehr ungewöhnliche Augen in der Tierwelt entstanden. Und häufig sind diese Augen in bestimmten Bereichen unseren eigenen Augen deutlich überlegen!

EIN DRITTES »AUGE«

Viele Echsen, Amphibien und Fische besitzen ein drittes »Auge«: das sogenannte Scheitelauge. Es befindet sich auf der Stirn unter der Haut oder unter den Schuppen und ist nach oben ausgerichtet. Auch wenn es nur Hell von Dunkel unterscheiden kann, ist es überlebenswichtig: Denn so können Feinde aus der Luft gesehen werden. Zudem wird durch die aufgenommenen Lichtreize auch die innere Uhr gesteuert.

ÜBER UND UNTER WASSER SEHEN

Der **VIERAUGENFISCH** schwimmt an der Wasseroberfläche. Seine beiden Augen sind von einer waagerechten Trennwand unterteilt, sodass er eigentlich vier Augen hat. Während er mit den unteren Augen im Wasser nach Insekten jagt, kann er gleichzeitig mit den oberen Augen nach Feinden in der Luft Ausschau halten.

RUNDUMBLICK

HAMMERHAIE sehen mit ihrer ungewöhnlichen Kopfform und den extrem weit auseinanderliegenden Augen ziemlich abenteuerlich aus. Tatsächlich haben sie damit einen echten Rundumblick von 360 Grad. Und da sich die Blickfelder beider Augen auch noch überlappen, sind sie sogar zum 3D-Sehen in der Lage.

BESONDERS SCHNELLES FARBSEHEN

Der **FANGSCHRECKENKREBS** sieht mit seinen Stielaugen in einem sehr großen Bereich des Farbspektrums: im gesamten für uns Menschen sichtbaren Bereich und zusätzlich im UV- und im Infrarotbereich. Dafür hat er auch mindestens zwölf verschiedene Lichtsinneszellen in seinen Augen: Rekord!
Bestimmt denkst du, dass der Fangschreckenkrebs die Welt nun ganz besonders bunt sehen müsste. Dies ist aber gar nicht der Fall. Tatsächlich hat man nachgewiesen, dass er Farben sehr viel ungenauer unterscheiden kann als wir Menschen, trotz der großen Anzahl an unterschiedlichen Lichtrezeptoren. Seltsam! Wofür sind die vielen verschiedenen Lichtsinneszellen dann da? Tatsächlich geht es hierbei um die Schnelligkeit! Wenn wir Menschen Farben sehen, dann wird die Information der verschiedenen Lichtrezeptoren erst einmal in unserem Gehirn verglichen und ausgewertet. Kleinste Farbunterschiede können so wahrgenommen werden. Dieser Schritt fällt beim Farbschreckenkrebs weg. Stattdessen werden die Farben direkt über die Erregung der einzelnen Rezeptoren bestimmt – ohne den komplizierten Rechenschritt im Gehirn. Um dennoch Farbnuancen sehen zu können, gibt es die vielen verschiedenen Lichtrezeptoren. So ist das Farbsehen des Krebses also ungenau – aber dafür besonders schnell! Und das hat seinen Vorteil. Denn wenn der Farbschreckenkrebs ein Beutetier entdeckt, kann er ihm blitzschnell seine Fangarme entgegenschleudern.

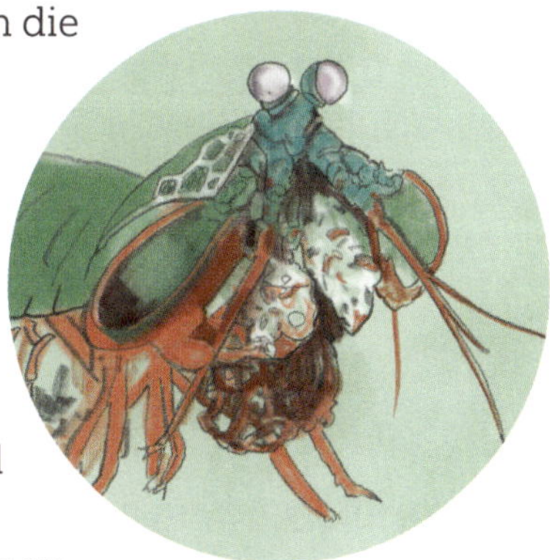

SPIEGELAUGEN

Die **KAMMMUSCHEL** hat bis zu 200 Punktaugen, die wie kleine Perlen am Rande der Schale sitzen. Statt mit Linsen werden die Lichtstrahlen mithilfe gekrümmter Spiegel auf eine Netzhaut umgelenkt. Formen können mit den Spiegelaugen zwar nicht erkannt werden, wohl aber Bewegungen und der Wechsel von Licht und Schatten.

ALLES GLEICHZEITIG IM BLICK

Das **CHAMÄLEON** kann seine Augen unabhängig voneinander bewegen. Zudem befinden sich die Augen seitlich am Kopf. So hat das Chamäleon einen Rundumblick und kann nach Feinden und Beute gleichzeitig Ausschau halten. Wenn es eine Beute gesehen hat, wird diese mit beiden Augen fokussiert und so der Ort und Abstand genau bestimmt. Zielgenau lässt es seine Zunge nach vorne schnellen. Schon ist die Beute geschnappt!

DIE SCHALTZENTRALE

AUSWERTUNG DER DATEN

Die Verarbeitung der gesehenen Daten ist ein sehr komplizierter Prozess, bei dem mehrere Gehirnzentren beteiligt sind, die sich auch miteinander austauschen. Einige Nervenzellen sind zum Beispiel ständig auf der Suche nach Formen und Mustern in den gesehenen Daten, andere nach Bewegungen, Farben oder Gesichtern.

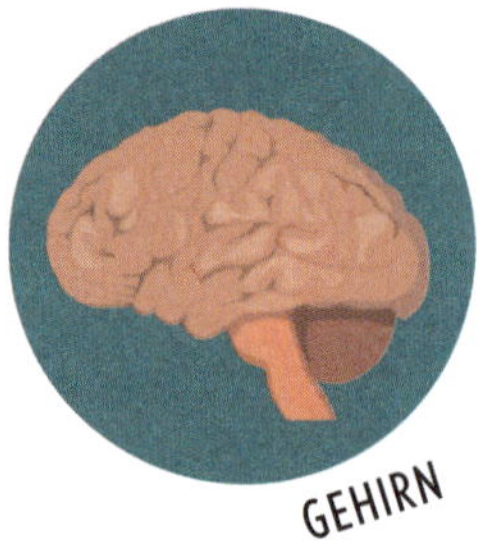

Welches Tier mag sich wohl hinter dem Blumentopf verstecken? Bestimmt hast du richtig vermutet, dass es sich um eine Maus handelt. Diese Vermutung kannst du aber nur anstellen, weil dein Gehirn weiß, wie eine Maus aussieht. Die von den Lichtrezeptoren gesammelten Daten werden ausgewertet und in dem Moment, wo der Schwanz zu sehen ist, wird dieses Wissen abgerufen. Das Gehirn bestimmt also, was wir letztendlich wahrnehmen. Und vieles spielt dabei hinein: Erfahrungen und Erwartungen und auch die anderen Sinneseindrücke, wie zum Beispiel Geruch oder Geschmack.

SCHEIN ODER SEIN

Guck dir die zwei Abbildungen mal an:

Bestimmt hast du links ein Dreieck und rechts ein Quadrat erkannt. Es handelt sich um sogenannte **Scheinkonturen**. Im Bestreben, Formen zu sehen, vervollständigt das Gehirn hier einfach die gesehene Information. Es werden also Formen angenommen, die gar nicht da sind.

FORMENSEHEN BEI DER BIENE

Bienen können **komplizierte, strahlenförmige Formen** besonders gut unterscheiden, während ihnen einfache Formen wie Rechteck, Dreieck oder Kreis Schwierigkeiten bereiten. Und das macht Sinn für die Bienen, denn die strahlenförmigen Formen sind häufig bei Blüten zu finden. So können sie die verschiedenen Blüten unterscheiden und ihre Lieblingsblüten gezielt anfliegen!

GESICHTS-ERKENNUNG

Bei Menschenaffen und bei uns Menschen gibt es spezielle Nervenzellen im Gehirn, die nur auf Gesichter ansprechen. Sie ermöglichen ein rasches Erkennen einer Form als Gesicht und eine Unterscheidung von bekannten und fremden Gesichtern.

SEHEN VON BEWEGUNGEN

Auch für die Wahrnehmung von Bewegungen gibt es spezielle Nervenzellen. Ein eindrückliches Beispiel ist der **FROSCH**: Er ist spezialisiert auf Bewegungen, ist aber für alles andere mehr oder wenig blind. Wenn sich eine Fliege annähert, sieht er, dass sich dort etwas in der Luft bewegt, jedoch nicht, was es ist. Das reicht aber für den Frosch! Mit seiner langen, klebrigen Zunge schnappt er blitzschnell und zielgenau zu. Fliege erwischt! Und wenn die Fliege sich nicht bewegt? Dann kann der Frosch sie auch nicht sehen – selbst wenn sie direkt vor seiner Nase sitzt! Sein Gehirn ist hierfür nicht ausgelegt. Auch beim Menschen gibt es spezielle Nervenzellen im Gehirn, die für das Sehen von Bewegungen zuständig sind. Wenn diese Nervenzellen geschädigt sind, können keine Bewegungen mehr wahrgenommen werden. Es werden nur noch Einzelbilder erkannt.

LASS DICH NICHT TÄUSCHEN!

Welcher der beiden Kreise in der Mitte ist größer: links oder rechts? Finde die Lösung auf Seite 95.

SEHEN VON FARBEN

Bei Menschen, bei denen das Gehirn in einem Bereich geschädigt ist, der für die Farberkennung verantwortlich ist, kommt es zur Farbenblindheit – und das, obwohl die Zapfen in der Netzhaut normal funktionieren. Diese Menschen sehen alles wie in einem Schwarz-Weiß-Film in Grautönen.

PERFEKT AN DIE UMWELT ANGEPASST

Nun hast du schon viel darüber gelernt, wie Tiere mit ihrem Sehsinn häufig perfekt an ihre Umwelt angepasst sind. Doch wie kommt es dazu? Woher hat der Koboldmaki zum Beispiel seine riesigen Augen? Und hier kommen wir zur sogenannten Evolution.

VON ZUFALL UND NATÜRLICHER AUSLESE

Tiere derselben Art sind untereinander nicht gleich. Das eine Tier ist etwas stärker, das andere etwas größer. Das eine hat etwas größere, das andere etwas kleinere Augen. Und so weiter. So wie wir Menschen auch nicht untereinander gleich sind.
Und manche dieser Unterschiede können nun für das einzelne Tier einen Vorteil darstellen. So kann ein Tier, das aus Zufall etwas größere Augen hat und damit auch etwas mehr Licht bis zur Netzhaut lässt, nun auch besser seine Beute in der Dämmerung erkennen. Und wenn das Futter knapp ist, kann das ein sehr großer Vorteil sein, wenn es in der Dunkelheit noch etwas länger nach Nahrung suchen kann. Dann kann ein Tier mit den etwas größeren Augen möglicherweise besser überleben als ein Tier mit den normalgroßen Augen – und die etwas größeren Augen an seine Kinder vererben. Und wenn die Tiere mit den größeren Augen besser überleben und damit auch wieder mehr Nachwuchs haben, dann werden über die Generationen immer mehr Tiere die größeren Augen haben. Und vielleicht besitzen nach vielen, vielen Generationen irgendwann alle Tiere die etwas größeren Augen.
Und irgendwann gibt es durch Zufall wieder ein Tier, das noch etwas größere Augen hat als die schon etwas größeren Augen. Und wieder kommt es zu einer natürlichen Auslese der Tiere mit diesen Augen. Weil diese nämlich noch besser in der Dunkelheit sehen und daher noch etwas länger am Abend nach Nahrung suchen können. Die großen Augen sind also keine Erfindung der Natur, weil die Natur meinte, dass die großen Augen doch viel besser seien in der Nacht. Nein, die großen Augen sind durch einen sehr langsamen und zufälligen Prozess entstanden, der über viele, viele Generationen von Tieren ablief. Basierend auf Vielfalt, einer natürlichen Auslese der besonders vorteilhaften Eigenschaften und der Weitergabe dieser Eigenschaften an die Nachkommen! Man nennt diesen Prozess **Evolution**. So kannst du dir also vorstellen, wie Tiere sich an besondere Lebensbedingungen anpassen konnten. Und dieses Prinzip gilt nicht nur für die Größe der Augen, sondern für alle Merkmale.

HÖREN

EINE WELT VOLLER GERÄUSCHE UND KLÄNGE

Wir sind von vielerlei Geräuschen umgeben. Das Rascheln der Blätter im Wind, das Knacken eines Astes, ein auf der Straße fahrendes Auto: Geräusche warnen uns vor Gefahren und helfen uns bei der Orientierung in unserer Umgebung. Wir selbst produzieren auch Klänge, nämlich in Form von Sprache, und nutzen diese, um miteinander zu kommunizieren. Mit unseren Ohren können wir sie hören. Auch Tiere orientieren sich an Geräuschen und kommunizieren mithilfe von Lauten. Und auch sie müssen dafür die Fähigkeit haben zu hören. Doch was ist das eigentlich: Hören?

UNSICHTBARE SCHALLWELLEN

Hören ist die Fähigkeit, Schall wahrzunehmen. Stell dir dazu die schwingende Saite einer Gitarre vor. Die Schwingungen werden auf die Luft übertragen. Dabei werden winzige Luftteilchen in Bewegung gesetzt, die dann mit anderen Luftteilchen zusammenprallen. Auch diese Teilchen werden durch den Zusammenprall in Bewegung gesetzt und prallen wiederum mit anderen Teilchen zusammen und so weiter. So entstehen unsichtbare Wellen in der Luft, sogenannte Schallwellen, die sich immer weiter ausbreiten – bis sie dein Ohr erreichen.

ÜBERALL SCHWINGUNGEN

Bei der Gitarre sind es die Saiten, die in Schwingungen versetzt werden, damit ein Klang entsteht. Beim Sprechen sind es die Stimmbänder im Kehlkopf, die schwingen, um verschiedene Laute zu produzieren. Auch Geräusche entstehen durch Schwingungen. Schwingungen, die sich als Schallwellen ausbreiten. Und diese Ausbreitung funktioniert nicht nur in der Luft, sondern auch im Wasser. Auch dort können Tiere hören und mithilfe von Tönen und Klängen kommunizieren.

LAUT UND LEISE, HOCH UND TIEF

Starke Schwingungen erzeugen laute Töne (große Amplitude), schwache Schwingungen erzeugen leise Töne (kleine Amplitude). Die Amplitude einer Schwingung bestimmt also letztlich die Lautstärke.

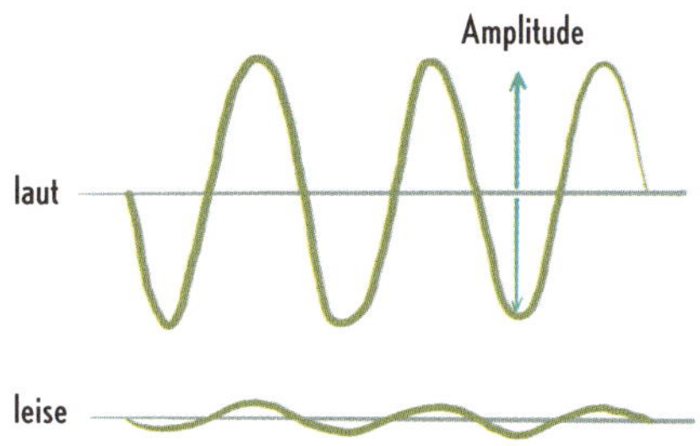

Wie schnell eine Schallwelle schwingt, wird durch die Frequenz beschrieben. 1 Hertz bedeutet zum Beispiel »eine Schwingung pro Sekunde«. Unser menschliches Gehör kann Schallwellen mit Frequenzen zwischen 16 und 20 000 Hertz wahrnehmen. Je höher die Frequenz, umso höher ist der Ton. Schallwellen mit Frequenzen oberhalb dieses für uns hörbaren Bereichs bezeichnet man als Ultraschallwellen und unterhalb dieses Bereichs als Infraschallwellen. Viele Tiere können diese Ultra- und Infraschallwellen hören und unterhalten sich auch in diesen Bereichen. Wir Menschen bekommen also nur einen Teil der Töne und Klänge mit, die uns in Wirklichkeit umgeben.

Du brauchst

- *ein Glas (möglichst dünnwandig, vielleicht darfst du ein Weinglas deiner Eltern dafür verwenden)*
- *Wasser*

GLASMUSIK

Fülle das Glas mit etwas Wasser. Feuchte nun deinen Zeigefinger an und fahre langsam über den Rand. Es sollte ein Ton entstehen. Wenn es nicht gleich klappt, dann probiere es mit etwas mehr oder etwas weniger Druck. Aber sei vorsichtig, damit das Glas nicht zerbricht! Beim Reiben fängt das Glas an zu schwingen. Diese Schwingungen werden an die Luft übertragen und erzeugen Schallwellen, die unser Ohr erreichen und dort als Ton wahrgenommen werden.
Probiere nun, etwas mehr oder weniger Wasser in dein Glas einzufüllen. Was fällt dir auf? Vielleicht hast du mehrere Gläser, die du unterschiedlich befüllen kannst. Dann kannst du noch besser unterscheiden. Sieh auf Seite 95 nach für die Antwort!

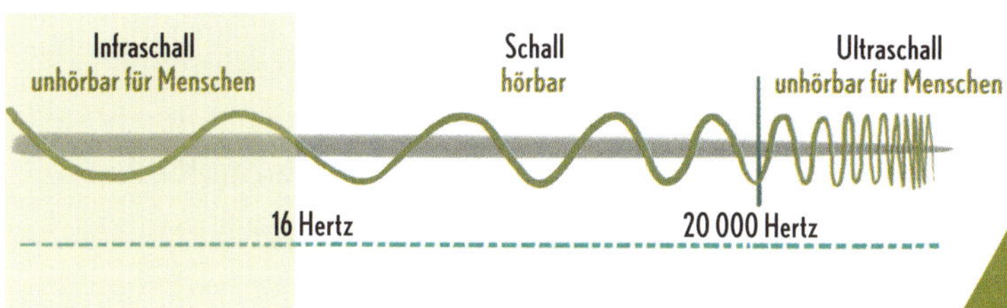

Du brauchst

- *zwei Gläser*
- *Frischhaltefolie*
- *Wasser*
- *Salz*

TANZ DER SALZKÖRNER

Verschließe die Öffnung eines der Gläser mit Frischhaltefolie, sodass die Folie gut gespannt ist. Die Oberfläche sollte ganz glatt sein. Nun streue etwas Salz auf die Folie. In das zweite Glas füllst du etwas Wasser. Erzeuge einen Ton, wie oben im Experiment »Glasmusik« beschrieben. Was passiert, wenn du die Gläser nebeneinander hinstellst (ohne dass sie sich berühren)? Auf Seite 95 findest du weitere Erklärungen dazu!

LASS EINEN STEIN INS WASSER FALLEN!

Beobachte die vom Zentrum ausgehenden Kreise, die sich nach außen hin ausbreiten. So kannst du dir die Ausbreitung von Schallwellen vorstellen!

KOMMUNIZIEREN ÜBER LAUTE

Viele Tiere und auch wir Menschen nutzen Laute und Klänge, um miteinander zu kommunizieren. Und dies auf unterschiedlichste Art und Weise. Eine Kommunikation funktioniert aber nur, wenn die produzierten Laute von den Artgenossen auch gehört werden können. Und Hören funktioniert nicht immer gleich. »Ohren« können dabei sehr unterschiedlich aussehen.

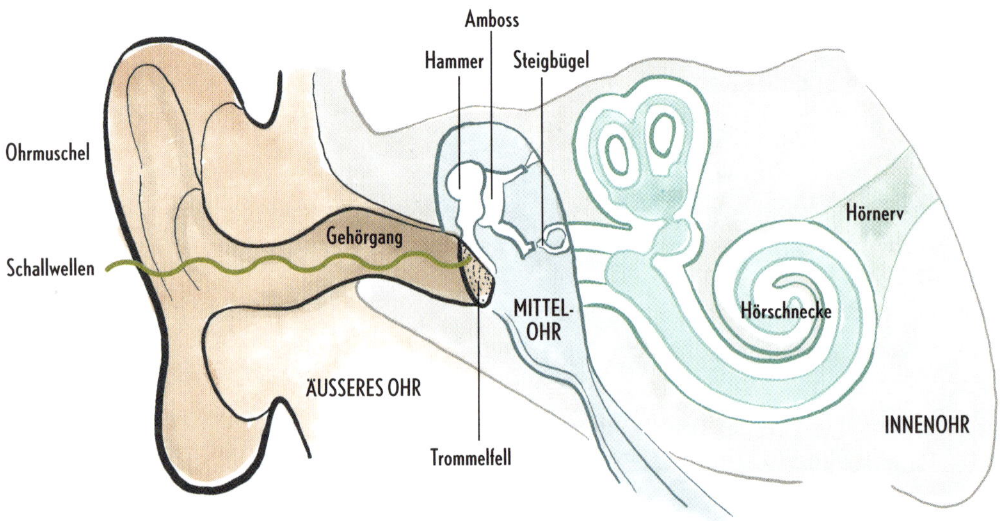

BEI UNS MENSCHEN

Wir Menschen haben eine komplizierte Sprache entwickelt, setzen Laute zu Wörtern und Wörter zu Sätzen zusammen. Wir benötigen daher ein empfindliches Gehör, mit dem wir die verschiedenen Laute genau unterscheiden können. Wenn Schallwellen zu unserem Ohr gelangen, erreichen sie zuerst die Ohrmuschel. Sie ist der Teil vom Ohr, den man von außen sehen kann. Wie ein Trichter funktioniert sie. Sie nimmt die Schallwellen auf und leitet sie durch den Gehörgang zum Trommelfell, einer sehr dünnen Haut, die das äußere Ohr vom Mittelohr trennt. Dieses Trommelfell wird durch die Schallwellen zum Schwingen gebracht und überträgt die Schwingungen an die Gehörknöchelchen im Mittelohr: Hammer, Amboss und Steigbügel. Diese Gehörknöchelchen verstärken die Schwingungen und leiten sie zum Innenohr, genauer genommen zur flüssigkeitsgefüllten Hörschnecke. Dort werden durch die Schwingungen letztendlich spezielle Hörsinneszellen (Haarzellen) erregt, und zwar abhängig von der jeweiligen Tonhöhe. Die Schwingungen werden dann in elektrische Signale umgewandelt und ans Gehirn weitergeleitet. Dort entsteht die eigentliche Hörwahrnehmung. Da wir zwei Ohren haben, kann unser Gehirn auch messen, woher ein Geräusch kommt. Wenn die Schallwellen am einen Ohr etwas früher ankommen als am anderen, kann das Gehirn diesen winzigen Zeitunterschied erkennen. Auch kleinste Unterschiede in der Lautstärke am linken und rechten Ohr werden genutzt, um die Richtung zu bestimmen, aus der ein Geräusch kommt. Die meisten Säugetiere hören vom Prinzip her übrigens auf sehr ähnliche Art und Weise.

SUMMGERÄUSCHE

Wenn **MÜCKEN** beim Fliegen ihre Flügel einige Hundert Male pro Sekunde schlagen, kommt es zu einem Summton. Dieser ist bei den Weibchen tiefer als bei den Männchen. Die Männchen können dies hören und so gezielt ein Weibchen suchen, um sich zu verpaaren. Das Hören funktioniert dabei über die Fühler, die man bei den Insekten auch als Antennen bezeichnet. Sie werden durch die Schallwellen in Schwingungen gebracht. Ein spezielles Organ an der Basis der Antennen, das sogenannte Johnston-Organ, misst diese Schwingungen.

ZIRPKONZERTE

Männliche **GRILLEN** zirpen während der Paarungszeit, indem sie ihre Flügel in bestimmter Weise gegeneinanderbewegen. Die weiblichen Grillen sind stumm, haben aber sogenannte **Trommelfellorgane** an ihren Vorderbeinen, mit denen sie die Zirpgesänge der Männchen hören können. Gefällt einem Weibchen der Gesang eines Männchens, nähert es sich diesem und es kommt zur Paarung. Andere Männchen werden durch das Zirpen hingegen abgeschreckt. So verteidigen die Männchen gleichzeitig ihr Revier.

GESPRÄCHE UNTER WASSER

Lange dachte man, dass **FISCHE** stumm und taub sind. Mittlerweile weiß man aber, dass sie hören können und dass viele Fische sich auch über Laute verständigen. Dabei kommen kleine Ohrsteinchen aus Kalk zum Einsatz, die sonst beim Gleichgewichtssinn eine Rolle spielen. Bei manchen Fischen wird das Hören auch durch die Schwimmblase unterstützt.

NUR HÖREN, WAS WICHTIG IST

FRÖSCHE kommunizieren über verschiedene Rufe, hören dabei aber nur das, was für sie wichtig ist. Für das Weibchen ist das z. B. der Lockruf des Männchens. Beim Ohr der Frösche fehlt der äußere Teil. Manchen Fröschen fehlt auch das Trommelfell. Sie leiten die Schwingungen dann stattdessen über eine dünne Haut in der Mundhöhle ans Innenohr weiter. Sie hören also sozusagen über den Mund!

VOGELGESÄNGE

Im Frühjahr hört man wunderschöne Vogelgesänge. Die Männchen wollen die Weibchen damit in ihr Revier locken und andere Konkurrenten vertreiben. Um die verschiedenen Melodien unterscheiden zu können, haben **VÖGEL** ein sehr gutes Gehör. Dennoch sieht man keine Ohren! Ohrmuscheln fehlen. Vögel haben aber ein Mittelohr, und im Innenohr befindet sich wie bei den Säugetieren eine Hörschnecke, die bei den Vögeln nicht schneckenförmig aufgerollt ist.

AUSSERGEWÖHNLICHE OHREN

Auf dieser Seite findest du eindrückliche Beispiele dafür, wie perfekt die Ohren auf die Bedürfnisse des jeweiligen Tieres in seinem Lebensraum und die spezielle Lebensweise des Tieres angepasst sind.

Der Wüstenfuchs (Fennek) hat auffallend riesige Ohren, während die Ohren des in der Kälte lebenden Polarfuchses deutlich kleiner sind.

ALS KLIMAANLAGE

Du denkst, dass Tiere mit großen Ohren besonders gut hören? Meist ist das tatsächlich so. Denn die großen Ohren wirken wie ein riesiger Trichter und fangen damit auch die leisesten Töne ein. Aber bei vielen Tieren haben diese großen Ohren noch eine andere Funktion als »nur« das Hören. Wenn du dir mal anschaust, welche Tiere besonders große Ohren haben, dann wirst du bemerken, dass viele dieser Tiere in der Wüste oder in anderen warmen Regionen heimisch sind. Die Ohren werden dort nämlich auch zum Abkühlen des Körpers genutzt. Über die große Hautoberfläche der Ohren wird überschüssige Wärme abgegeben. Tiere, die in der Kälte leben, haben hingegen eher kleine Ohren. Sonst würden sie zu viel Wärme verlieren.

EINGEBAUTE ANTENNEN

LUCHSE haben ein außergewöhnliches Hörvermögen. Selbst das Rascheln einer Maus aus über 50 Metern Entfernung können sie hören. Die langen Fellpinsel auf ihren Ohren fungieren dabei wie Antennen. Mit ihnen können sie genau herausfinden, aus welcher Richtung ein Geräusch kommt. Der weiße Backenbart scheint das Hören zusätzlich zu unterstützen. Ihr exzellentes Gehör ermöglicht es den nachtaktiven Luchsen, sich auch bei Dunkelheit zu orientieren und auf Beutejagd zu gehen.

Hoch konzentriert dreht der Feldhase seine Löffel in die verschiedenen Richtungen, um einen Feind möglichst früh wahrzunehmen.

3D-HÖREN

Nachts sind **EULEN** unterwegs auf Mäusejagd und nutzen dafür ihr feines Gehör. Die Federn im Gesicht sind trichterförmig angeordnet. Ähnlich wie Ohrmuscheln. Sie sammeln den Schall ein und leiten ihn zu den hinter den Federn verborgenen Ohröffnungen. Besonders dabei ist, dass die eine Öffnung etwas höher sitzt als die andere und auch die Gehörgänge unterschiedlich verlaufen. So hört das eine Ohr etwas mehr nach unten, das andere etwas mehr nach oben. Eulen können dadurch sehr präzise orten, woher ein Geräusch stammt.
Sie hören sozusagen in »3D«.

BEWEGLICH

Viele Säugetiere besitzen bewegliche Ohrmuscheln und können diese unabhängig voneinander bewegen. Ohne den Kopf drehen zu müssen, können sie die Umgebung in alle Richtungen abhören und genau bestimmen, woher das Geräusch kommt. Fluchttiere können so Gefahren frühzeitig erkennen. Den Raubtieren hilft diese Fähigkeit bei der Beutejagd. Bei uns Menschen sind die Muskeln, um die Ohrmuscheln zu bewegen, mehr oder weniger verkümmert. Wir können höchstens noch ein bisschen mit unseren Ohren wackeln.

DIE SEHEN ABER ANDERS AUS!

Weißt du, welcher der Afrikanische und welcher der Asiatische Elefant ist? Kannst du die beiden Elefanten unterscheiden? Die Auflösung findest du auf Seite 96.

GUCK MAL AUF DIE OHREN!

Achte beim nächsten Zoobesuch genau auf die Größe der Ohren bei den einzelnen Tieren. Na, lässt sich manchmal daraus schließen, wo die Tiere leben? Vermerke deine Beobachtungen in deinem Notizheft!

INFRASCHALL

Töne von unter 16 Hertz (also mit weniger als 16 Schwingungen pro Sekunde) befinden sich im Infraschallbereich. Diese Töne sind so tief, dass wir Menschen sie nicht mehr hören können. Sehr wohl aber einige Tiere! Sie unterhalten sich über solche tiefen Töne. Und das hat Vorteile, denn Infraschall breitet sich auch über große Entfernungen hervorragend aus, weil er nur sehr wenig gedämpft wird.

FERNGESPRÄCHE

ELEFANTEN unterhalten sich mittels Infraschall über viele Kilometer hinweg. Sie warnen sich gegenseitig vor Gefahren, tauschen sich über Nahrungsquellen aus und setzen die Laute auch dazu ein, einen Partner zu finden. Sie befühlen dafür den Boden mit den Vorderfüßen und ertasten die Schwingungen. Die Schwingungen können von dort bis zu den Ohren geleitet werden. Selbst Erdbeben oder nahende Unwetter scheinen Elefanten auf diese Weise schon im Vorfeld zu spüren. So wird beispielsweise berichtet, dass die Elefanten bei der großen Tsunami-Katastrophe 2004 in Südasien, bei der viele Menschen und Tiere ums Leben kamen, schon vor dem Eintreffen der Flutwelle ins Landesinnere geflohen waren und so verschont blieben. Es wird vermutet, dass sie die vom Seebeben verursachten Erschütterungen schon frühzeitig gehört hatten und so vorgewarnt waren.

IN DER SAVANNE

Auch bei den **NASHÖRNERN, GIRAFFEN** und Nilpferden ist bekannt, dass sie über Infraschall kommunizieren. Alle diese Tiere haben einen gemeinsamen Lebensraum: die Savanne. Offenbar hat sich die Kommunikation über Infraschall dort besonders bewährt. Wenn man sich die Savanne anschaut, dann fällt auf, dass dies eine recht offene Landschaft ist mit viel Gras, aber relativ wenigen Bäumen. Der Schall kann sich somit ziemlich ungestört ausbreiten. Ideal für die dort lebenden Tiere, um sich auch über größere Entfernungen miteinander zu unterhalten!

SICHERUNG DES REVIERS

TIGER können laut brüllen, um Rivalen zu verscheuchen. Doch weil der Tiger ein so großes Jagdrevier hat, reicht dies nicht, um die Grenzen seines Reviers zu sichern. Daher stößt der Tiger zusätzlich als Warnung Töne im Infraschallbereich aus. Diese sind auch noch in einer Entfernung von bis zu 8 Kilometern zu hören.

TIEFE WALGESÄNGE

Die Gesänge der **WALE** haben außergewöhnliche Reichweiten von Hunderten von Kilometern. Als Einzelgänger schwimmen die Wale meist weit voneinander entfernt. Mithilfe der Infraschallgesänge können sie sich im Meer orientieren, ihr Revier verteidigen oder sich als Paare zusammenfinden. Dabei hat jede Walart ihren eigenen, unverwechselbaren Gesang. Innerhalb einer Art sind die Gesänge der einzelnen Wale dann aber wiederum etwas unterschiedlich, sodass sich die Wale anhand ihres Gesangs auch voneinander unterscheiden lassen.

STURMWARNUNG

Starke Stürme (Tornados) erzeugen Infraschall, der sich über Hunderte bis Tausende von Kilometern ausbreitet. Manche Vögel, wie zum Beispiel der **GOLDFLÜGEL-WALDSÄNGER** aus Nordamerika, können diesen Infraschall hören und so rechtzeitig vor den Stürmen fliehen.

ULTRASCHALL

Viele Tiere kommunizieren mittels Ultraschall, also in einem Bereich über 20 000 Hertz (mehr als 20 000 Schwingungen pro Sekunde). Manche Tiere, wie Fledermäuse, Wale oder Delfine, nutzen das Prinzip der Echoortung, um sich mithilfe von Ultraschall zu orientieren und Beute zu finden. Für Menschen ist Ultraschall nicht hörbar.

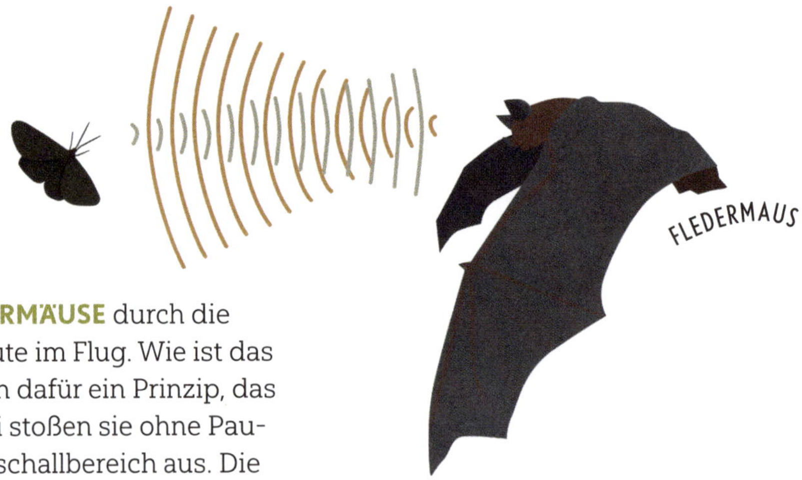

VON WEGEN LAUTLOS

Blitzschnell fliegen die **FLEDERMÄUSE** durch die dunkle Nacht und fangen Beute im Flug. Wie ist das möglich? Fledermäuse nutzen dafür ein Prinzip, das sich Echoortung nennt. Dabei stoßen sie ohne Pause sehr laute Schreie im Ultraschallbereich aus. Die Schallwellen, die sich dabei ausbreiten, werden von Objekten in der Umgebung zurückgeworfen und kehren dann als Echo zur Fledermaus zurück. Dort wird der Schall von ihren riesigen Ohren aufgenommen. Das Gehirn verarbeitet die Informationen und erstellt darauf basierend ein präzises Hörbild der Umgebung. Anhand der zeitlichen Verzögerung, mit der das Echo zur Fledermaus zurückkehrt, kann die Fledermaus erkennen, wie weit ein Objekt entfernt ist. Das Echo liefert auch genaue Informationen über die Größe und Form des Objekts. Selbst kleinste Insekten kann sie exakt orten.

VERWIRRUNGSTAKTIK

Obwohl der **BÄRENSPINNER** von der Fledermaus erkannt wird, kann er ihr dennoch häufig entwischen. Denn die Bärenspinner haben eine außergewöhnliche Verteidigungsstrategie entwickelt. Sie können die Schreie der Fledermäuse wahrnehmen und stoßen dann selbst eine Reihe kurzer Ultraschalltöne aus. Dies verwirrt die Fledermäuse. Sie können die Position der Bärenspinner dann nicht mehr genau bestimmen.

SCHNELLER STURZFLUG

Einige **NACHTFALTER** haben Strategien entwickelt, um sich vor den Fledermäusen zu schützen. So zum Beispiel die Schwärmer. Sie haben am Rüssel ein Hörorgan, das die Echoortungslaute der Fledermäuse wahrnimmt. Hören sie diese, leiten sie einen sofortigen Sturzflug ein.

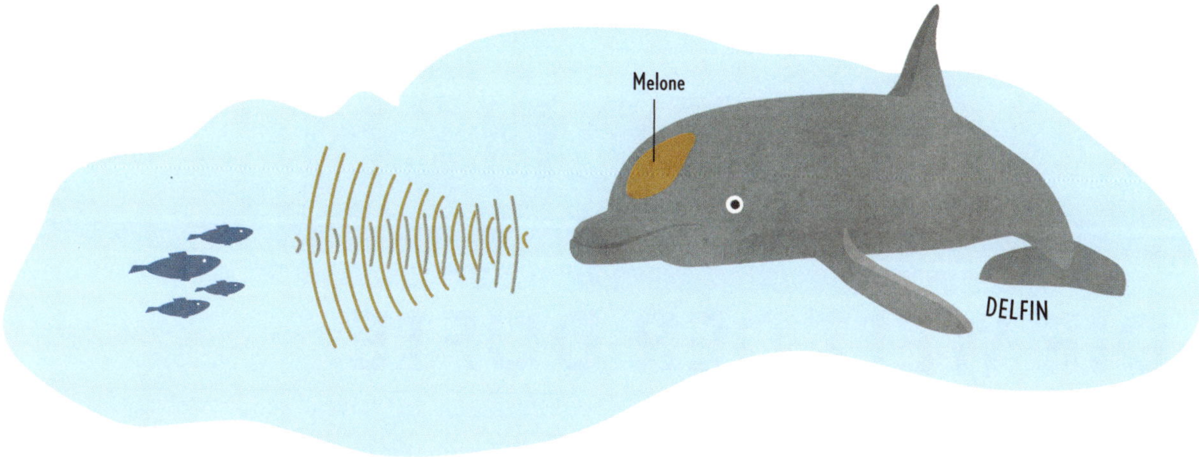

IN DEN TIEFEN DES MEERES

Auch die in den dunklen Tiefen der Meere lebenden Wale und **DELFINE** nutzen Echoortung bei der Beutejagd. Mit einem speziellen Organ in der Stirn, genannt Melone, geben sie ihre Klicklaute im Ultraschallbereich ab. Das Echo (also die zurückgeworfenen Schallwellen) nehmen sie mit dem Unterkiefer auf, von wo die Schallwellen dann bis zum Innenohr geleitet werden. Wale und Delfine nutzen die Echoortung, um Feinde oder Beute zu finden und sich im Wasser zu orientieren.

LIEBESLIEDER

Um ein Weibchen zu umwerben, singen **MÄUSERICHE** wahre Liebeslieder im Ultraschallbereich. Je komplizierter die Melodie, umso attraktiver für die Mäusedame. Die Gesänge der Mäuseriche sind dabei vom Ablauf her den Gesängen vieler Vögel sehr ähnlich.

UND WIR MENSCHEN?

Wir Menschen können keinen Ultraschall hören. Aber wir nutzen Ultraschall zum Beispiel in der Medizin, um Bilder von unserem Inneren zu machen.

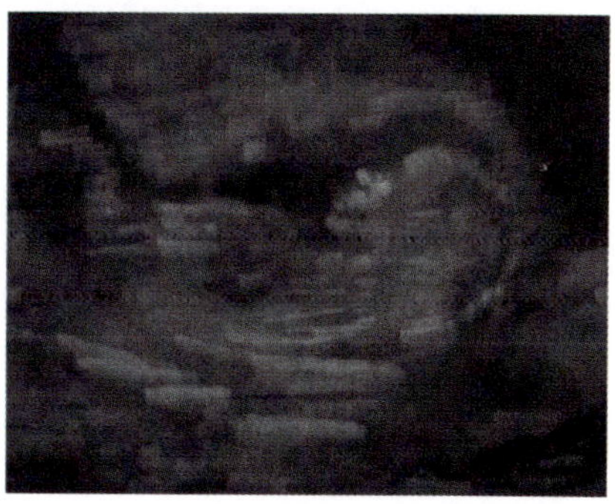

Im Ultraschallbild ist das Baby schon im Mutterleib zu sehen.

KLETTERHILFE

Auch einige andere nachtaktive Nager, wie der **SIEBENSCHLÄFER,** können Ultraschall wahrnehmen und nutzen Echoortung, um sich beim nächtlichen Klettern zu orientieren und dabei zum Beispiel die Abstände von Ästen besser abzuschätzen.

RIECHEN

DIE WELT DER DÜFTE

Der Geruchssinn ist für viele Tiere überlebenswichtig. Denn Gerüche helfen, Nahrung zu finden. Und sie können vor möglichen Gefahren warnen, zum Beispiel wenn sich ein feindliches Tier nähert oder ein Feuer ausbreitet. Oder wenn Nahrung verdorben ist und lieber nicht gefressen werden sollte. Darüber hinaus spielen Gerüche für viele Tiere eine entscheidende Rolle bei der Kommunikation untereinander.

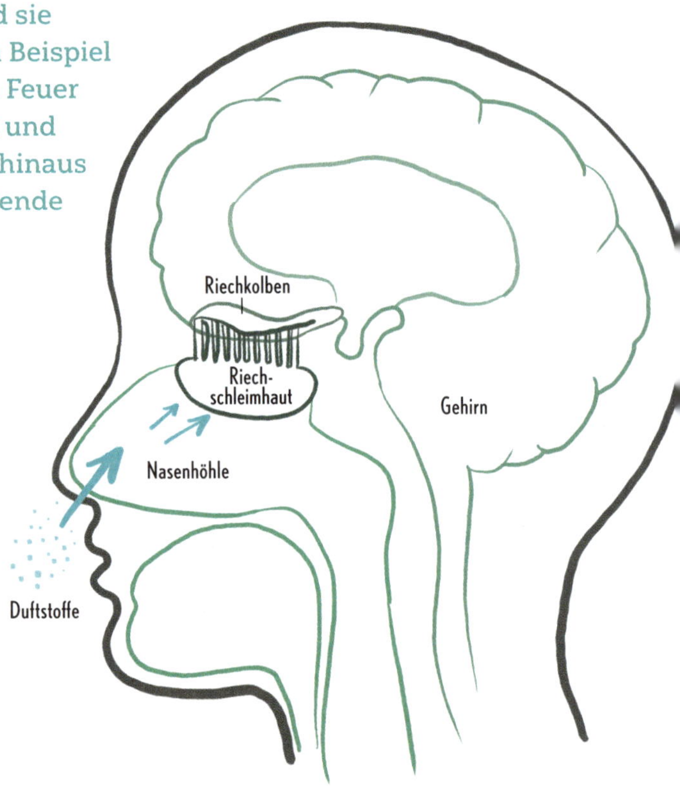

WIE FUNKTIONIERT DAS RIECHEN?

Das Riechen funktioniert über Duftstoffe, die sich in der Luft oder im Wasser befinden. Damit Tiere diese Duftstoffe wahrnehmen können, besitzen sie spezielle Riechsinneszellen. Bei fast allen Tieren kann man sie finden: bei den Schnecken zum Beispiel in ihren Fühlern, bei den Insekten und Krebsen in ihren Antennen und bei den Spinnen an den Beinen. Fische haben Riechgruben, die vom Wasser (und den darin enthaltenen Duftstoffen) umspült werden. Bei den auf dem Land lebenden Wirbeltieren finden sich die Riechzellen in der Nase. Und auch bei uns Menschen ist das so: Die mit winzigen Sinneshärchen besetzten Riechzellen finden sich im oberen Bereich der Nasenhöhle und bilden die **Riechschleimhaut**. Werden Duftstoffe von den Riechzellen in der Riechschleimhaut gebunden, werden die Riechzellen erregt und schicken elektrische Signale an den **Riechkolben** des Gehirns. Dort werden die Informationen der einzelnen Riechzellen gebündelt und zu anderen Teilen des Gehirns weitergeleitet, wo dann schließlich die Geruchswahrnehmung entsteht.

Insgesamt besitzen wir Menschen etwa 10 Millionen Riechzellen. Manche können von vielen unterschiedlichen Duftstoffen erregt werden, während andere hoch spezialisiert sind und nur wenige oder sogar nur einen einzigen Duftstoff binden können. Im **Gehirn** ergibt sich aus den erregten und nicht erregten Riechzellen ein einzigartiges Muster, das einem bestimmten Geruch zugeordnet werden kann. Dieses Muster wird abgespeichert und kann abgerufen werden, wenn wir diesen Geruch erneut riechen – wir erkennen ihn dann wieder.

DIE GRÖSSE DER RIECHSCHLEIMHAUT

Je größer die Fläche der Riechschleimhaut, umso mehr Riechzellen haben dort Platz und umso feiner ist das Riechvermögen. Beim Menschen ist die Fläche der Riechschleimhaut etwa 5 cm^2 groß, beim Hund je nach Rasse bis zu 200 cm^2. Wie kann das sein? Ist da denn überhaupt so viel Platz in der Hundenase? Guck dir dazu die Querschnitte durch die Nasenhöhlen von Mensch und Hund im Vergleich an. Du kannst erkennen, dass die Nasenhöhle beim Hund im Inneren viel stärker gefaltet ist. So ist eine viel größere Fläche für die Riechschleimhaut (in Türkis) vorhanden.

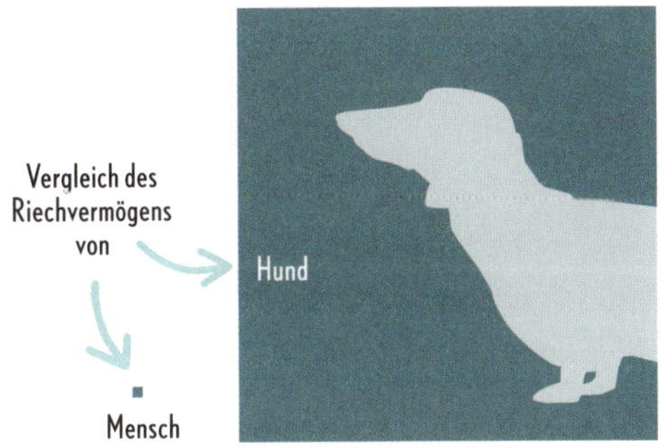

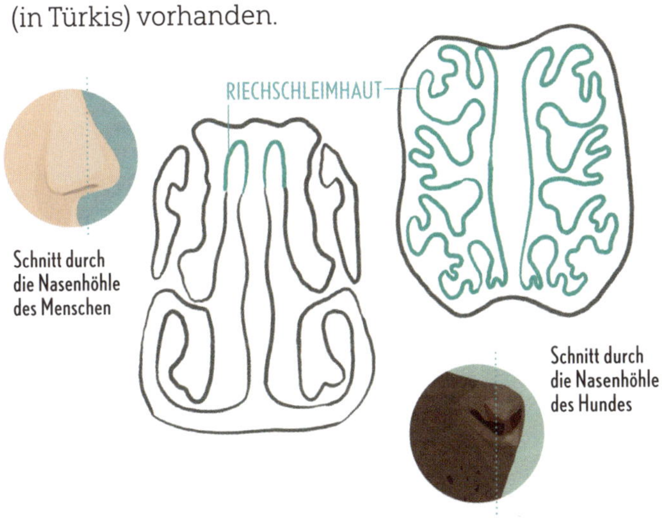

ICH RIECHE DAS, WAS ICH GERN MAG!

Häufig sind Tiere besonders empfindlich für den Duft ihrer jeweiligen Lieblingsspeisen. Affen können zum Beispiel die Düfte verschiedener Früchte sehr gut unterscheiden. Die Nasen der Fleischfresser sind äußerst empfindlich für Düfte, die im Fleisch zu finden sind. Aasfresser haben eine Spürnase für Duftstoffe, die bei der Verwesung von Fleisch entstehen. Pflanzenfressernasen sind hingegen häufig überaus empfindlich für den Geruch ihrer jeweiligen Lieblingspflanzen. So hilft der Geruch dem jeweiligen Tier ganz gezielt bei der Nahrungssuche.

DEN GERUCH KENNE ICH!

Gerüche sind sehr stark an Gefühle und Erinnerungen gebunden. Erkennen wir einen Geruch wieder, dann können auch die damit verbundenen Erinnerungen hervorgeholt werden. Und das Gefühl, das wir damals beim Riechen dieses Dufts verspürt haben, wird wieder ganz präsent. Denn Gerüche werden mit den Gefühlen eng verknüpft abgespeichert. Das kommt übrigens durch die direkte Verbindung der Riechbahn mit dem sogenannten limbischen System. Das ist ein Teil im Gehirn, der unsere Gefühle steuert und für das Lernen und unser Gedächtnis zuständig ist.

AUF DUFT-ENTDECKUNGSTOUR

Wo gibt es Gerüche im Alltag? Welche Gerüche sind angenehm, welche unangenehm? Welchen Gerüchen begegnest du beim Frühstück? Welchen im Badezimmer? Vergleiche den Geruch der Luft draußen und drinnen. Riecht die Luft unterschiedlich? Riecht die Luft im Wald anders als in der Stadt, am Fluss anders als an der großen Straße? Erforsche deine Umgebung mithilfe deines Geruchssinns!

BESONDERS FEINE SPÜRNASEN

Bei vielen Tieren spielt der Geruchssinn eine deutlich größere Rolle als bei uns Menschen. Es verwundert also nicht, dass diese Tiere dem Menschen im Hinblick auf ihre Riechfähigkeit häufig überlegen sind. Einige besonders herausragende Beispiele findest du auf dieser Seite.

WASSER RIECHEN

Der **ELEFANT** kann mithilfe seines feinen Geruchssinns Wasser riechen, und das sogar aus mehreren Kilometern Entfernung. In der Trockenzeit, wenn es nur sehr wenige Wasserstellen gibt, ist diese Fähigkeit für den Elefanten überlebenswichtig.

AUF BEUTEJAGD

EISBÄREN können ihre Beute, die Robben, auf eine Entfernung von bis zu 30 Kilometern riechen und sie sogar unter dem Eis aufspüren. Die Nase des Eisbären ist mehr als 2000-fach empfindlicher als die vom Menschen.

EIN EINZIGER TROPFEN BLUT

Der **HAI** kann einen einzigen Tropfen Blut im Wasser auf eine Entfernung von bis zu einem Kilometer riechen. Wie wichtig der Geruchssinn für den Hai ist, zeigt sich auch darin, dass über die Hälfte seines Gehirns für das Riechen verwendet wird.

IM DIENSTE DES MENSCHEN

Der **HUND** mit seiner empfindlichen Nase hilft dem Menschen auf vielfältige Weise: Nach einem Lawinenunglück sucht er nach Verschütteten. Der Spur eines Verbrechers kann er folgen, selbst wenn die Spur schon mehrere Tage alt ist. Hunde lassen sich sogar dafür trainieren, bei einem Menschen bestimmte Krankheiten zu erschnüffeln.

EIN VERTRAUTER DUFT

Wasser kann unterschiedlich riechen, und **LACHSE** prägen sich als Jungtiere den einzigartigen Geruch des Flusses ein, wo sie geschlüpft sind. Diesen Geruch vergessen sie nie mehr. Wenn sie erwachsen sind, kehren sie zu diesem Ort zurück. Sie schwimmen dann mehrere Tausend Kilometer flussaufwärts gegen den Strom. Ihre Nase sagt ihnen, wenn sie schließlich an ihrem Geburtsort angekommen sind. Dort legen sie ihre Eier ab.

AUF GEFÄHRLICHER MISSION

Die **AFRIKANISCHE RIESENHAMSTERRATTE** wird aufgrund ihrer besonders feinen Spürnase zum Aufspüren von Landminen verwendet, denn sie kann den Sprengstoff riechen und ist zudem leicht genug, dass sie die Landminen nicht zum Explodieren bringt. Auch in Erdbebengebieten kommen Riesenhamsterratten zum Einsatz, um Verschüttete zu suchen.

Die berühmte Minensuchratte Magawa hat in ihrer Dienstzeit mehr als 100 Landminen erschnüffelt und erhielt dafür sogar einen Orden.

GEHEIME GERUCHSBOTSCHAFTEN

Viele Tiere verständigen sich mit ihren Artgenossen auch über Düfte. Sie haben dafür kleine Drüsen, die unter ihrer Haut sitzen und bestimmte Duftstoffe verströmen, die man auch Pheromone nennt. Eine Vielzahl der Tiere besitzt daher noch ein zusätzliches Riechorgan in der Nase, um diese speziellen Duftstoffe aufzunehmen. Es hat einen ziemlich komplizierten Namen: Man nennt es das vomeronasale Organ.

DAS REVIER MARKIEREN

Viele Tiere markieren ihr Revier, indem sie Urin verspritzen. Dieser Urin enthält Pheromone, die den anderen Artgenossen signalisieren: »Aufgepasst, ich bin schon hier!« Fremde Artgenossen wissen dann, dass sie nicht willkommen sind und angegriffen werden können, wenn sie die Reviergrenzen überschreiten.

AUF PARTNERSUCHE

Ist ein **SEIDENSPINNERWEIBCHEN** bereit, sich mit einem Männchen zu paaren, so gibt es Pheromone in die Luft ab. Selbst über viele Kilometer kann das Männchen mit seinen Antennen diesen einzigartigen Geruch riechen. Es wird davon wie magisch angezogen, sodass es gar nicht anders kann, als loszufliegen und sich auf die Suche nach dem Weibchen zu begeben. Der Geruch zeigt ihm den Weg.

EINE SPRACHE AUS DÜFTEN

Wenn eine **AMEISE** Futter gefunden hat, legt sie eine Duftspur, damit die anderen Ameisen das Futter finden und zum Ameisenstaat bringen können. So entstehen die typischen Ameisenstraßen. Duftstoffe haben noch weitere wichtige Funktionen im Ameisenstaat und werden wie eine Art Sprache verwendet, um das Zusammenleben zu organisieren. So lässt sich über den Duft z. B. sofort erkennen, ob eine Ameise zur eigenen Kolonie gehört oder ob es sich um einen Eindringling handelt. Und wenn die Ameisen angegriffen werden, schütten sie weitere Duftstoffe aus, um den anderen das Signal zu geben, dass sie herbeieilen sollen zur Verteidigung.

MMH, DAS RIECHT INTERESSANT!

Wenn ein **HENGST** eine Stute in der Nähe riecht, dann macht er etwas, was man als »flehmen« bezeichnet. Er streckt den Hals nach vorne, hebt die Oberlippe und zieht die Luft stoßartig ein. Etwas lustig sieht das aus, hat aber einen wichtigen Sinn. Denn so wird die Luft direkt zum vomeronasalen Organ geleitet. Basierend auf den Geruchsstoffen, die die Stute in die Luft abgibt, kann der Hengst herausfinden, ob sie paarungsbereit ist. Auch bei einer Reihe anderer Säugetiere lässt sich dieses Flehmen beobachten.

EIN EINZIGARTIGER DUFT

Direkt nach der Geburt belecken viele Säugetiermütter ihre Jungen sehr ausgiebig. Die Mütter nehmen dabei den Geruch ihrer Jungen genau auf und prägen sich diesen ein, damit sie ihre Jungen anhand des Geruchs immer wiedererkennen können.

GERÜCHE VERBINDEN

Durch den engen Körperkontakt zwischen Mutter und Kind gleichen sich die Gerüche beider mit der Zeit aneinander an. Dies unterstützt die enge Bindung zwischen Mutter und Kind. Auch in der Gruppe übertragen die Tiere ihren Eigengeruch an andere Mitglieder im Rudel durch Körperkontakt. Es entsteht ein Gruppengeruch, an dem sich die Tiere untereinander erkennen. Der Zusammenhalt in der Gruppe wird so gefestigt.

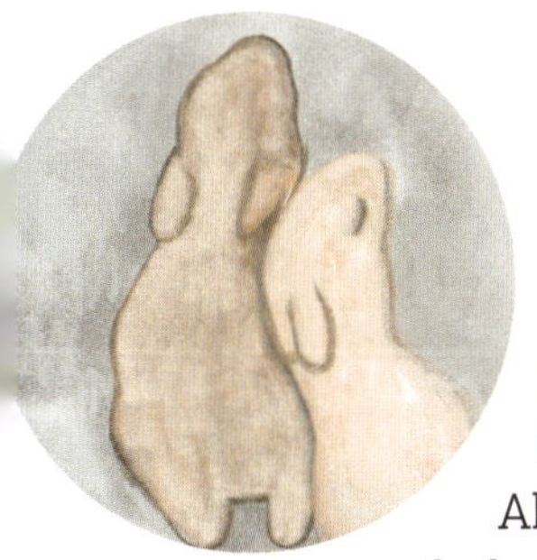

DER GERUCH DER MUTTERMILCH

Alle Säugetierbabys ernähren sich zu Beginn von der Milch ihrer Mutter. Doch wie finden die Babys nach der Geburt zu den Zitzen, um dort zu saugen? Bei den **KANINCHEN** hat ein Forscherteam in der Muttermilch ein bestimmtes Pheromon gefunden. Diesem Geruch folgen die noch blinden und tauben Kaninchenbabys, um den Weg zu den Zitzen der Mutter zu finden. Sofort beginnen sie dort zu saugen.

NICHT ANFASSEN!

Wenn du im Gras ein Rehkitz findest, dann darfst du es nicht anfassen. Denn deine Hand hat einen Eigengeruch, und über deine Hand würde das Rehkitz einen fremden Geruch aufnehmen, der dazu führen könnte, dass die Mutter es nicht mehr annimmt. Auch beim Hasenbaby, das in einer kleinen Mulde, der sogenannten Sasse, auf seine Mutter wartet, gilt: »Bitte nicht anfassen!«

WER ORDENTLICH STINKT, GEWINNT!

Die in Madagaskar lebenden **KATTAS** sind eigentlich sehr friedliebend und leben in Gruppen von etwa 20 Tieren zusammen. Aber während der Paarungszeit wird es unruhig in der Gruppe. Im Streit um die Weibchen liefern sich die Männchen häufig richtige »Stinkkämpfe«. Die Männchen reiben dabei ihre Schwänze an die Duftdrüsen an ihren Oberarmen und wedeln die übel riechenden Schwänze dann in Richtung ihrer Konkurrenten, um sie einzuschüchtern. Denn: Ein besonders intensiver Geruch ist ein Zeichen für Stärke!

SCHMECKEN

NICHT NUR MIT DEM MUND

Ein Tier muss Nahrung zu sich nehmen, um zu überleben. Denn die Nahrung liefert ihm die Energie, damit sein Körper funktionieren kann. Doch es sollte nur Nahrung sein, die ihm nicht schadet. Und um dies sicherzustellen, spielt der Geschmackssinn eine entscheidende Rolle. Mit seiner Hilfe kann das Tier entscheiden, welches Futter es gefahrlos fressen kann und welches Futter es lieber wieder ausspuckt, weil es möglicherweise verdorben oder giftig ist. Würdest du nun vielleicht vermuten, dass der Geschmackssinn immer im Mund zu finden ist, wie bei uns Menschen? Dann guck mal auf dieser Seite, mit welchen Körperteilen die verschiedenen Tiere schmecken können!

MIT DEN SAUGNÄPFEN

Bei den **KRAKEN** befinden sich zahlreiche Geschmacksrezeptoren in den Saugnäpfen. Und das macht durchaus Sinn, denn die Kraken suchen ihre Nahrung mithilfe ihrer Arme in Spalten und Hohlräumen, in die sie nicht selbst hineinschauen können. Da ist der Geschmackssinn eine wichtige Informationsquelle.

MIT DEN FÜSSEN

Viele Insekten, wie zum Beispiel Fliegen und **SCHMETTERLINGE,** haben Geschmacksrezeptoren an ihren Füßen. Wenn sie auf einer zuckrigen Flüssigkeit landen, schmecken sie sofort, dass diese süß ist. Sie strecken dann ihren Rüssel heraus, um die zuckrige Lösung einzusaugen.
Das Schmetterlingsweibchen nutzt seinen Geschmackssinn an den Füßen zudem, um für die Ablage seiner Eier einen geeigneten Ort zu finden. Denn die Blätter, auf denen die Eier gelegt werden, sollten für die aus den Eiern schlüpfenden Raupen auch fressbar sein. Sonst hätten die Raupen nach dem Schlüpfen keine Nahrung.

SCHWALBENSCHWANZ

DIE SCHWIMMENDE ZUNGE

Seine Nahrung sucht der **KATZENWELS** im schlammigen, trüben Grund der Flüsse und Seen. Die Augen nutzen ihm dort kaum. Umso wichtiger ist der Geschmackssinn. Besonders viele Geschmacksrezeptoren finden sich in den sogenannten Barteln am äußeren Mundbereich. Aber auch auf der gesamten Körperoberfläche verteilt sind Geschmacksrezeptoren vorhanden, weswegen der Katzenwels manchmal auch als »schwimmende Zunge« bezeichnet wird.

MIT DEN FÜHLERN

SCHNECKEN können mit ihren Fühlern nicht nur tasten, riechen und sehen. Sie können mit ihnen auch schmecken!

SPRINGSPINNE

MIT DEN GESCHMACKSHAAREN

SPINNEN haben spezielle Sinneshaare an den Füßen ihrer Laufbeine, mit denen sie auch schmecken können. Durch kurzes Betasten können sie schnell prüfen, ob etwas als Nahrung taugt.

WIE SCHMECKEN BEIM MENSCHEN FUNKTIONIERT

Wenn du dich vor den Spiegel stellst und die Zunge herausstreckst, siehst du, dass deine Zunge nicht glatt ist. Sie ist überdeckt mit vielen winzigen Erhebungen, den sogenannten Papillen. Wie kleine Pickelchen sehen sie aus! Und wenn du dir die Zunge vom Hund, von der Katze, der Maus oder dem Elefant anschauen würdest, könntest du sehen, dass auch sie alle solche Pickelchen auf ihren Zungen haben wie du. Diese kleinen Erhebungen enthalten die Geschmacksknospen mit den Geschmacksrezeptoren. Dort wird der Nahrungsbrei auf seinen Geschmack untersucht.

VERSCHIEDENE GESCHMACKSQUALITÄTEN

Es gibt mindestens fünf verschiedene Geschmacksqualitäten: **süß, sauer, salzig, bitter** und **umami**. Jeder Geschmacksrezeptor kann nur eine dieser Qualitäten erkennen. Die Geschmacksrezeptoren für die einzelnen Qualitäten sind nicht ganz gleichmäßig auf der Zungenoberfläche verteilt, aber wir können dennoch mit allen Zungenbereichen alle Geschmacksqualitäten schmecken. Und das Schmecken ist nicht auf die Zunge begrenzt! Dort sind die Geschmacksrezeptoren zwar besonders zahlreich, aber auch im gesamten Mund- und Rachenraum sind sie zu finden.

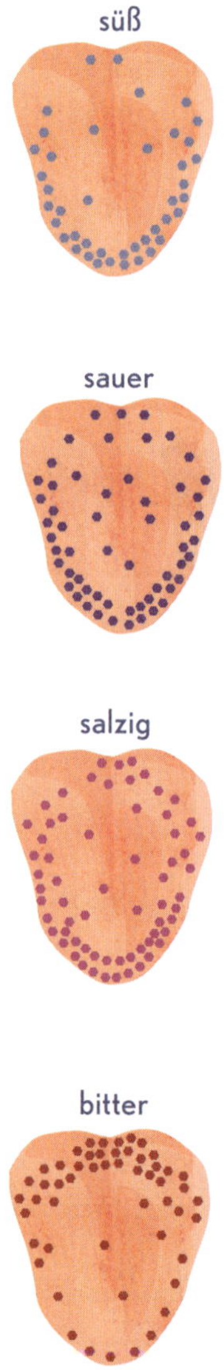

Verteilung der Rezeptoren für die einzelnen Geschmacksqualitäten auf der Zungenoberfläche. Für »umami« ist die Verteilung der Geschmacksrezeptoren auf der Zungenoberfläche noch nicht genau bekannt.

WAS SAGEN UNS DIE GESCHMACKSQUALITÄTEN?

Schmeckt etwas süß, ist es meist zuckerhaltig und liefert dem Körper somit Energie. Saures kann den Appetit steigern. Aber ein saurer Geschmack kann auch darauf hinweisen, dass eine Speise verdorben oder eine Frucht noch unreif ist. Ein salziger Geschmack zeigt an, dass die Speise Salz oder andere wichtige Mineralstoffe enthält. Und Salz in gewissen Mengen ist notwendig für den Körper. Viele Pflanzen stellen Gifte her, um zu verhindern, dass sie von Tieren verspeist werden. Diese schmecken häufig bitter. Ein bitterer Geschmack ist also ein wichtiges Warnsignal, etwas nicht zu essen. Und umami? Du fragst dich jetzt wahrscheinlich, was das überhaupt bedeutet. »Umami« ist das japanische Wort für »wohlschmeckend« oder »köstlich«. Letztendlich liefert der Umami-Geschmack einen Hinweis auf eine eiweißreiche Nahrung. Das ist zum Beispiel Fleisch oder Fisch.

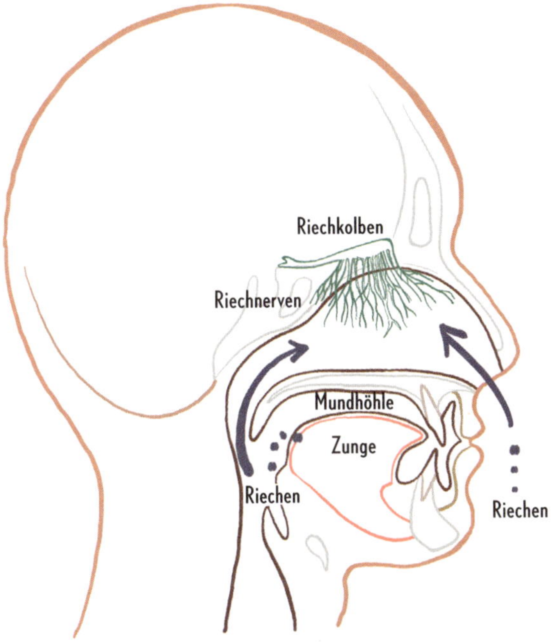

GERUCH UND GESCHMACK ARBEITEN ZUSAMMEN

Auch die Nase hat beim Geschmack ein Wörtchen mitzureden! Denn beim Kauen der Nahrung gelangen im Mund Duftstoffe in die Luft, die dann von der Mundhöhle über den Rachenraum, also sozusagen »von hinten«, zu den Geruchsrezeptoren in der Nase gelangen. Vom Gehirn wird die mit dem Essen verbundene Wahrnehmung als Geschmack eingestuft. Wenn das Riechen wegfällt, ist unser Geschmacksvermögen sehr eingeschränkt. Du kennst das zum Beispiel, wenn dir bei einer Erkältung mit verstopfter Nase plötzlich auch das Essen nicht mehr richtig schmeckt.

ACH, ÜBRIGENS …

»Scharf« gehört nicht zu den Geschmacksqualitäten. Denn der scharfe Geschmack wird nicht von Geschmacksrezeptoren, sondern von temperaturempfindlichen Schmerzrezeptoren erkannt. Der scharfe Geschmack ist also eigentlich ein Schmerzreiz!

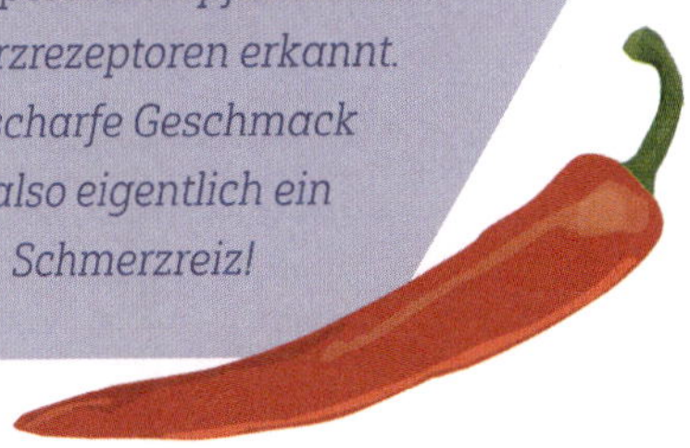

Du brauchst

- *verschiedene Obst- und Gemüsesorten, z. B. Apfel, Birne, Pfirsich, Karotte, Kohlrabi, Gurke etc.*
- *eine Augenbinde*
- *Brettchen, Messer und Schüsselchen, evtl. Rührstab*
- *einen Partner oder eine Partnerin*

SCHMECKEN OHNE NASE UND OHNE AUGEN

Schneide das Obst und Gemüse in gleich große Stückchen und lege die Stückchen dann in verschiedene Schüsselchen. Wenn du zu Hause einen Rührstab besitzt, kannst du das Obst und Gemüse auch pürieren. Das wäre sogar noch besser, weil die Beschaffenheit der Obst- und Gemüsestückchen sich mit der Zunge dann nicht mehr tasten lässt.

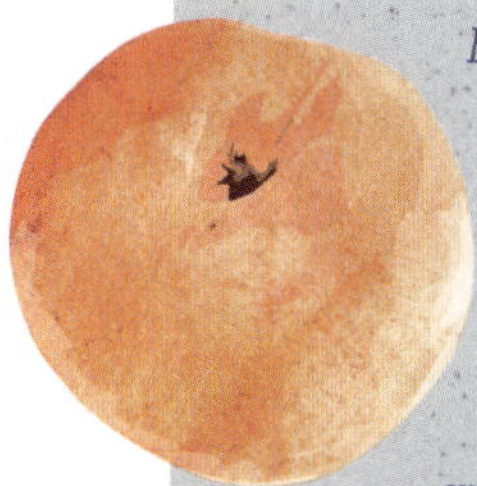

Jetzt setze deine Augenbinde auf und halte deine Nase zu. Dein Versuchspartner oder deine Partnerin soll dir nun mit einem Löffel jeweils ein Obst- oder Gemüsestückchen (oder einen Löffel mit dem jeweiligen Obst- oder Gemüsebrei) reichen. Na, kannst du es immer richtig erkennen? Dein Versuchspartner soll alles genau aufschreiben. *Die Erklärungen dazu findest du auf Seite 96.*

UNTERSCHIEDLICHE GESCHMÄCKER

Die Empfindlichkeit für die einzelnen Geschmacksqualitäten ist bei den verschiedenen Tieren sehr unterschiedlich und von der Lebensweise und der Ernährung abhängig.

FLEISCHFRESSER

Reine Fleischfresser, wie **LÖWE** oder Tiger, können Süßes nicht schmecken. Denn bei Fleisch gibt es keinen süßen Geschmack, und die Fähigkeit, Süßes zu schmecken, ist daher überflüssig. Dafür sind diese Tiere aber besonders empfindlich für den Umami-Geschmack des Fleisches.

Tiere, die neben Fleisch auch pflanzliche Nahrung zu sich nehmen, haben auch einen Geschmack für Süßes. Ein Beispiel sind **BÄREN,** die auch Gräser, Wurzeln und Früchte auf dem Speiseplan haben.

VEGETARISCHE BÄREN

Obwohl **PANDAS** eigentlich als Bären Fleischfresser sind, ernähren sie sich ausschließlich vegetarisch, und zwar von Bambus. Forschende vermuten, dass die Pandas in der Entwicklungsgeschichte irgendwann einmal die Fähigkeit verloren haben, Fleisch zu schmecken, und dass dies die Ursache für die rein vegetarische Ernährungsweise ist.

GEWOHNTES ESSEN

Bei der Entwicklung des Geschmacks sind Gewohnheiten wichtig. Das gilt für die Tiere und auch für uns Menschen. Selbst im Bauch der Mutter werden die Babys schon beeinflusst von dem Essen, das die Mutter zu sich nimmt, und auch der Geschmack der Muttermilch ist davon abhängig, was die Mutter isst. So gewöhnt sich das Neugeborene bereits an bestimmte Geschmacksrichtungen und entwickelt Vorlieben.

SCHLECHTER GESCHMACKSSINN

PINGUINE ernähren sich vorwiegend von Fischen. Aber schmecken können sie sie nicht! Dafür fehlen ihnen die Geschmacksrezeptoren. Die Zunge ist bei den Pinguinen nicht zum Schmecken gemacht. Stattdessen wird sie als Werkzeug benutzt, um die Fische zu fangen und festzuhalten und sie dann in einem Stück herunterzuschlucken.

NEKTARSAUGENDE VÖGEL

Die meisten Vögel können Süßes nicht schmecken. Wohl aber die **KOLIBRIS**! Und das macht für sie auch Sinn. Denn sie ernähren sich vorwiegend von süßem Blütennektar.

PFLANZENFRESSER

Besonders wichtig ist der bittere Geschmack bei den Pflanzenfressern. Denn viele giftige Pflanzeninhaltsstoffe schmecken bitter. Und so kann durch den Geschmackssinn die Aufnahme von giftigen Pflanzenteilen verhindert werden.

MAIGLÖCKCHEN

TASTEN & FÜHLEN

TASTEN MIT DER HAUT

Der Tastsinn ist wichtig für die Erkundung der nahen Umgebung. Bei den meisten Tieren ist daher die gesamte Oberfläche ihres Körpers tastempfindlich. In der Haut befinden sich dafür spezielle Rezeptoren, die auf Druck, Berührung und Erschütterungen reagieren. In manchen Körperbereichen gibt es sehr viele solcher Rezeptoren. Diese Bereiche sind dann besonders empfindlich. Bei uns Menschen sind das zum Beispiel die Innenflächen der Hände, die Lippen und die Zunge. Bei den verschiedenen Tiersorten können dies aber auch ganz andere Körperbereiche sein.

FEINFÜHLIGER NASENAUFSATZ

Der **STERNMULL** gehört zu den Maulwürfen und ist in den Sumpfgebieten Nordamerikas heimisch. Dort lebt er in unterirdischen Gängen, wo er sich vorwiegend von Regenwürmern und Schnecken ernährt. Auffällig sieht er aus mit seinen insgesamt 22 kleinen fingerförmigen Fortsätzen auf der Nase! Dieser Nasenaufsatz wird auch als Sternorgan bezeichnet. Das Sternorgan ist höchst empfindlich und enthält insgesamt 25 000 Tastsinneszellen. Stell dir vor, wie du mit deinen Fingern einen Gegenstand ertastest. Und nun stell dir vor, dass der Sternmull mit seinem Sternorgan alles etwa zehnmal so genau tasten kann. Ziemlich gut, oder? Aber dieses außergewöhnliche Tastvermögen ist für den Sternmull sehr nützlich. Denn in den dunklen, unterirdischen Gängen, wo er lebt, fehlt das Licht, um zu sehen, und er muss dies mit seinem Tastsinn ausgleichen.

ZUNGENCHECK

Auch das Tasten mit der Zunge ist wichtig, denn so kann untersucht werden, ob die Nahrung möglicherweise spitz oder zu heiß ist und damit beim Schlucken zu Verletzungen führen könnte. Ganz besonders bedeutsam ist das für Tiere, die ihre Nahrung nicht mit den Händen, sondern direkt mit dem Maul aufnehmen, also zum Beispiel alle Huftiere.

UNTER DER BAUMRINDE

Ein besonders eindrückliches Beispiel für das Tasten mit der Zunge liefert der **BUNTSPECHT.** Seine Zunge ist viermal so lang wie sein Schnabel, wenn er sie ganz ausstreckt. Und mit dieser langen Zunge tastet er in den Hohlräumen unter der Baumrinde nach Insektenlarven. Wenn er eine Larve gefunden hat, holt er diese mithilfe von Widerhaken an der Zungenspitze heraus.

GREIFEN MIT DEM RÜSSEL

Die Spitze vom **ELEFANTENRÜSSEL** enthält eine hohe Dichte an Tastsinneszellen und Tasthaaren und ist somit äußerst empfindlich und genau. Mit seiner Rüsselspitze kann der Elefant auch sehr geschickt greifen.

LANGFINGER

Auch das auf Madagaskar lebende **FINGERTIER** ernährt sich gerne von den Insektenlarven, die sich unter der Baumrinde verstecken. Was beim Buntspecht die Zunge ist, ist beim Fingertier der Mittelfinger. Erst einmal klopft das Fingertier gegen die Rinde und lauscht dabei aufmerksam. Hört sich der Klang hohl an, ist das ein Hinweis auf eine Unterhöhlung. Mit seinen Zähnen beißt es dann ein kleines Loch in die Rinde, um mit seinem schmalen, langen Mittelfinger im Inneren der Höhle bohren zu können. Findet es dabei eine Insektenlarve, bringt es diese mit dem Finger geschickt nach draußen, um sie schließlich genüsslich verspeisen zu können.

EINE FÜNFTE HAND

Bei den in Mittel- und Südamerika lebenden **KLAMMERSCHWANZAFFEN** wird der Schwanz zum Greifen genutzt. Der hintere Teil des Schwanzes ist besonders tastempfindlich. Die Klammerschwanzaffen können mit ihrem Greifschwanz ähnlich präzise tasten wie mit den Händen. Häufig wird er daher auch als fünfte Hand bezeichnet.

BLINDE KUH MIT AUSSTECHERN

Stecke die verschiedenen Ausstecher in den Beutel und ziehe nun ohne hinzuschauen einen der Ausstecher aus dem Beutel. Halte deine Augen geschlossen und fühle mit deinen Händen, welche Form der Ausstecher hat. Na, kannst du die verschiedenen Formen ertasten?

Du brauchst
- *einen Stoffbeutel*
- *möglichst viele Ausstechformen für Plätzchen*

BERÜHRUNGEN SPÜREN

Wie schön ist es, wenn uns jemand umarmt oder uns einfach nur die Hand auf die Schulter legt. Angenehme Berührungen tun einfach gut und geben uns Stärke! Und Berührungen haben auch eine soziale Bedeutung. Denn das Gefühl von Berührung und körperlicher Nähe ist wichtig, um den Zusammenhalt in einer Gruppe zu stärken und die Beziehungen untereinander zu pflegen. Bei den Tieren wie bei den Menschen!

MUTTER-KIND-BINDUNG

TIERKINDER schmusen sich bei der Mutter an. Dabei werden die Fellhaare von Mutter und Kind gekrümmt. Die Tastsinneszellen in der Haut werden dadurch aktiviert, was über elektrische Signale ans Gehirn gemeldet wird. Im Gehirn entsteht die Wahrnehmung von Berührung und ein damit verbundenes angenehmes Gefühl. Dieses stärkt die Bindung zwischen Mutter und Kind.

SOZIALE FELLPFLEGE

SCHIMPANSEN verbringen täglich stundenlang mit gemeinsamer Fellpflege. Und dabei geht es nicht nur darum, das Fell von Ungeziefer zu befreien. Die gemeinsame Fellpflege und die damit einhergehende Berührung dienen auch dazu, Freundschaften und Bindungen zu festigen.

Du brauchst
• einen Partner oder eine Partnerin

RÜCKEN-MALEREI

»Male« deinem Partner oder deiner Partnerin mit deinem Zeigefinger Buchstaben, Zahlen oder einfache Formen wie ein Herz, einen Stern, ein Dreieck und so weiter auf den Rücken. Na, kann dein Partner oder deine Partnerin erraten, was du »malst«? Wenn ihr noch mehr Personen seid, könnt ihr eine Art »Stille Post« spielen. Setzt euch alle hintereinander. Die Person ganz hinten beginnt und »malt« der Person, die vor ihr sitzt, etwas auf den Rücken. Und diese dann wiederum der Person vor ihr und so weiter. Na, findet die Person vorne heraus, was die Person ganz hinten »gemalt« hat? Ihr könnt auch einen kleinen Wettbewerb veranstalten und in zwei Teams gegeneinander spielen. Welches Team ist schneller?

GLÜCKLICH MACHENDE BOTENSTOFFE

Wie Berührungen im menschlichen Körper wirken, haben Forscherteams genauer untersucht. Sie haben nachgewiesen, dass bei sanftem Streicheln der Haut ein Botenstoff namens Oxytocin vermehrt ins Blut ausgeschüttet wird. Häufig wird das Oxytocin deshalb auch als Kuschelhormon bezeichnet. Es führt zur Verringerung von Stress, indem es den Abbau von Stresshormonen beschleunigt. Atmung und Herzschlag verlangsamen sich. Der Körper entspannt. Auch andere Botenstoffe werden bei angenehmen Berührungen vermehrt freigesetzt, wie zum Beispiel das Glückshormon Dopamin, das unsere Stimmung verbessert. Wir fühlen uns dann wohl. Selbst Schmerzen werden weniger stark wahrgenommen, wenn uns jemand in den Arm nimmt oder unsere Hand hält.

Du brauchst
- zwei spitze Bleistifte
- Klebeband
- einen Partner oder eine Partnerin

SPITZE SPITZEN

Klebe die zwei Bleistifte mit Tesafilm zusammen, sodass sie genau nebeneinanderliegen und die Spitzen auf gleicher Höhe enden. Nun muss dein Partner oder deine Partnerin die Augen schließen. Du berührst ihn oder sie nun an verschiedenen Stellen, zum Beispiel am Handrücken, an der Handfläche, auf dem Finger, an der Wange, auf dem Rücken, auf dem Bauch, am Arm, am Bein, an der Fußsohle, auf dem Fußrücken, am Ohr und so weiter.
Berühre die Person an den jeweiligen Stellen mal mit beiden Spitzen und mal nur mit einer. Wenn nur eine Spitze die Haut berühren soll, musst du die Stifte dafür etwas schief halten. Na, liegt dein Partner oder deine Partnerin immer richtig? An welchen Körperstellen wurden zwei Spitzen wahrgenommen? Tauscht nun eure Rollen. Kommt ihr zu ähnlichen Ergebnissen? Schreibe die Ergebnisse in dein Notizbuch und sieh für Erklärungen auf Seite 96 nach.

TASTHAARE BEI SÄUGETIEREN

Die Tasthaare bei den Säugetieren sind hoch spezialisierte Sinnesorgane. Häufig sind sie im Bereich der Nase zu finden. Mithilfe der Tasthaare kann die Form von Dingen genau untersucht werden. Aber es lassen sich damit auch feine Bewegungen in der Luft oder im Wasser erfassen. Denn wird das Tasthaar bewegt, werden verschiedene Tastsinneszellen an der Haarwurzel aktiviert. Diese leiten dann elektrische Signale ans Gehirn weiter.

UNTERWEGS BEI NACHT

Bei den nachtaktiven Säugetieren sind die Tasthaare entscheidend für die Orientierung und in der Dunkelheit ein guter Ersatz für das Sehen. Stell es dir so vor, als wenn du im Dunkeln gehst und eine Hand schützend nach vorne streckst, damit du nirgends gegenläufst. Die **RATTE** bewegt ihre Tasthaare bei Nacht ohne Pause und tastet damit ganz aktiv die Umgebung ihrer Schnauze ab. Mit ihren Tasthaaren ist sie dabei ähnlich präzise beim Erfühlen eines Gegenstands wie wir Menschen mit unseren Fingerspitzen.

SICH BESCHNUPPERN

Das sprichwörtliche »sich beschnuppern« für ein gegenseitiges Kennenlernen hat in der Tierwelt tatsächlich eine wichtige Funktion. Durch das Berühren mit den Tasthaaren wird dabei häufig ein erster Kontakt aufgenommen oder ein bereits bestehender Kontakt gestärkt. Das Beschnuppern ist ein Teil des normalen Verhaltens in der Gruppe und hilft, Konflikte untereinander zu vermeiden.

AUF VERFOLGUNGSJAGD

ROBBEN können mithilfe ihrer Tasthaare die winzigen Wasserbewegungen ertasten, die durch das Schwimmen eines Fisches entstehen. Ihr Tastsinn ist so empfindlich, dass sie damit sogar der Spur des Fisches folgen können, wenn dieser schon längst wieder weg ist. Das ist für die Robben besonders hilfreich, weil sie meist in trüben Gewässern oder am dunklen Meeresgrund auf Beutejagd gehen, wo ihr die Augen nur wenig Nutzen bringen.

TASTHAARE AM GANZEN KÖRPER

SEEKÜHE haben die Tasthaare sogar auf der gesamten Körperoberfläche verteilt. Mit insgesamt über 5 000 Tasthaaren sind sie absolute Rekordhalter! Sie können mit ihnen feinste Wasserströmungen fühlen und somit ihre Umgebung sehr genau erkunden. Besonders viele Tasthaare haben sie im Mundbereich – und diese Tasthaare unterstützen sie bei der Nahrungssuche am Meeresboden.

VIBRATIONEN SPÜREN

Wo sich Tiere bewegen, entstehen kleinste Vibrationen (Erschütterungen), die auf ihre Umgebung übertragen werden und sich ausbreiten: im Boden, im Wasser oder in der Luft. Einige Tiere haben sehr feine Sensoren, um diese Vibrationen zu spüren, und nutzen die Information für die Beutejagd, aber auch, um sich miteinander zu unterhalten und auf Partnersuche zu gehen.

AUF DER LAUER IM WÜSTENSAND

Der in den Wüsten heimische **FELDSKORPION** kommt erst nach Einbruch der Dunkelheit aus seinem Versteck. Bewegungslos sitzt er da und wartet geduldig auf kleine Insekten. Die Augen helfen ihm dabei kaum. Stattdessen nutzt er seinen empfindlichen Vibrationssinn. Denn wenn sich ein Beutetier nähert, kann er die winzigen Vibrationen, die über den sandigen Boden weitergeleitet werden, spüren. Und weil er an jedem seiner Beine Rezeptoren dafür hat, kann er die Signale an den verschiedenen Beinen vergleichen und damit genau die Richtung bestimmen, aus welcher die Vibrationen kommen. So kann er seine Beute blitzschnell und zielgerichtet angreifen.

WARTEN IM NETZ

Die **KREUZSPINNE** sitzt in ihrem Netz und wartet. Verfängt sich eine Fliege in den Fäden und versucht sich dann zu befreien, entstehen Vibrationen, die über die Fäden weitergeleitet werden. Die Spinne kann diese Vibrationen spüren und macht sich auf den Weg zu ihrem Opfer. Spinnen nutzen Vibrationssignale aber nicht nur zur Beutejagd, sondern auch, um sich miteinander zu unterhalten und einen Partner zu finden. Wenn ein Spinnenmännchen das Netz eines Weibchens betritt, sendet es z.B. spezielle Vibrationssignale an das Weibchen. Erst dann nähert es sich.

IMMER AUF DER HUT

VÖGEL haben Vibrationsrezeptoren in ihren Beinen. Viele Vogelarten schlafen nachts auf Ästen sitzend im Baum. Wenn sich nun Feinde anschleichen, können die Vögel die Schwingungen des Astes wahrnehmen und reagieren mit Flucht – selbst aus dem Schlaf heraus.

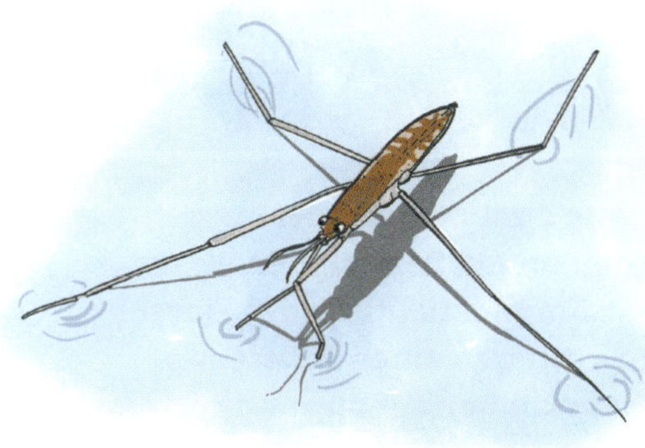

WASSERWELLEN SPÜREN

Vielleicht hast du schon einmal einen Wasserläufer gesehen, wie er sich auf der Wasseroberfläche bewegt. Ein eindrückliches Bild! Der **WASSERLÄUFER** ist aber noch in anderer Hinsicht faszinierend. So hat er spezielle Tasthaare an seinen Füßen, mit denen er Wellenbewegungen an der Wasseroberfläche spüren kann. Wenn ein Insekt ins Wasser fällt, breiten sich von dort kreisförmige Wasserwellen aus. Mit seinen Tasthaaren kann der Wasserläufer diese Wellen spüren. Und durch Vergleich der Signale an den verschiedenen Füßen weiß er genau, aus welcher Richtung sie kommen – und wo er hinlaufen muss, um die Beute zu ergreifen. Übrigens können Wasserläufermännchen sogar selbst Wasserwellen erzeugen, um Weibchen anzulocken.
Ziemlich clever!

Auch der **RÜCKENSCHWIMMER** ortet seine Beute durch Oberflächenwellen. Er hat eine außergewöhnliche Art, sich im Wasser fortzubewegen, denn er schwimmt stets mit der Bauchseite nach oben. Mit einer Luftblase verschafft er sich Auftrieb und jagt nun unter der Wasseroberfläche nach Insekten, die ins Wasser gefallen sind. Auch er hat an seinen Füßen empfindliche Rezeptoren für Wellenbewegungen, um damit Beute rasch zu orten.

GESCHWINDIGKEITEN MESSEN

Bei den **HEUSCHRECKEN** befinden sich Rezeptoren für Luftbewegungen in den Antennen. So können sie ihre eigene Geschwindigkeit während des Fluges oder die Geschwindigkeit des Windes messen. Sie können dann entsprechend gegensteuern oder ganz aufs Fliegen verzichten, wenn der Wind zu stark ist.

SCHNELL WEGGEHUSCHT

Die **KÜCHENSCHABE** nimmt mit speziellen Vibrationsorganen an den Beinen kleinste Erschütterungen des Bodens wahr. So kann sie fühlen, wenn man mit dem Fuß auf den Boden tritt. Zusätzlich hat sie feine Sinneshärchen am Hinterteil, mit denen sie geringste Luftbewegungen spürt. Sie kann dabei genau unterscheiden, ob es sich um einen Windstoß oder die Bewegung eines Feindes handelt.
Bei Gefahr ist sie schnell wieder in ihrem Versteck verschwunden.

DAS SEITENLINIENORGAN

Fische und dauerhaft im Wasser lebende Amphibien, wie zum Beispiel der Krallenfrosch oder der Axolotl, können mithilfe des sogenannten Seitenlinienorgans kleinste Wasserbewegungen erfassen. Sie spüren die Strömungsrichtung des Flusses und können sich danach ausrichten. Aber auch die Bewegungen eines anderen Tieres in der Nähe werden erfasst. Und feste Gegenstände können schon aus einigen Zentimetern Distanz (also ohne direkten Kontakt) genau »betastet« werden.

WO IST ES ZU FINDEN?

Das **SEITENLINIENORGAN** besteht aus Gruppen von Sinneszellen, die links und rechts am Körper in einer langen Linie und am Kopf in mehreren kurzen Linien angeordnet sind. Bei den Amphibien sitzen diese Sinneszellen direkt auf der Körperoberfläche. Bei den meisten Fischen befinden sie sich zudem unterhalb der Körperoberfläche in Kanälen. Denn dort lassen sich Strömungsänderungen im Wasser noch besser messen. Auf den Sinneszellen befinden sich spezielle Sinneshaare. Sie ragen in eine weiche Masse, die wie eine Kuppel über den Zellen liegt. Bei einer Wasserströmung wird diese Kuppel bewegt und die in ihr steckenden Sinneshaare werden dabei gebogen. Diese Verformung wird dem Gehirn gemeldet.

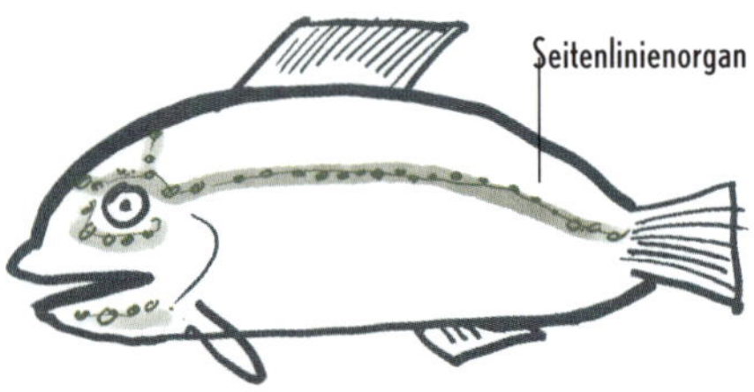

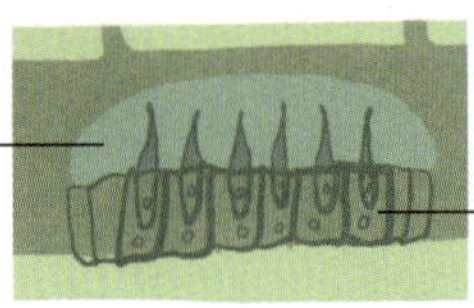

»SEHEN« AUCH OHNE AUGEN

Für die **HÖHLENFISCHE** hat das Seitenlinienorgan eine besondere Bedeutung. Denn sie haben keine Augen, sind also komplett blind. Ihr Seitenlinienorgan ersetzt den fehlenden Sehsinn. Mithilfe von Flossenbewegungen erzeugen sie Wasserströmungen, die durch Hindernisse zurückgeworfen oder abgelenkt werden. Diese »zurückgespielten« Strömungssignale werden vom Seitenlinienorgan erfasst und können den Fischen genauere Informationen über ein Hindernis liefern, zum Beispiel über die Form, Größe und Oberfläche eines Gegenstands und wo sich dieser Gegenstand im Raum befindet. Die Höhlenfische erhalten so ein recht genaues Bild ihrer näheren Umgebung und können sich geschickt auch in sehr engen Höhlen fortbewegen.

SCHWIMMEN IM SCHWARM

Wie wissen die einzelnen Fische im riesigen **SCHWARM,** dass sie alle in die gleiche Richtung schwimmen sollen? Auch hier spielt das Seitenlinienorgan eine entscheidende Rolle. Denn die einzelnen Fische spüren bei den Nachbarfischen auch kleinste Richtungsänderungen und passen ihre eigene Ausrichtung entsprechend an. So bewegt sich der Schwarm immer als eine Einheit durchs Wasser. Und das hat Vorteile: Meeresräuber werden so verwirrt und können einzelne Fische schlechter angreifen. Das Leben im Schwarm schützt den einzelnen Fisch also vor Feinden.

FISCHE BEOBACHTEN

Schau dir bei deinem nächsten Ausflug ins Aquarium die Fische ganz genau an und versuche, jeweils die Seitenlinie zu finden. Na, kannst du sie erkennen? Male verschiedene Fische in dein Notizheft!

GLEICHGEWICHT HALTEN

Woher wissen wir, wo unten und oben ist? Wie können wir aufrecht stehen? Es gibt eine Kraft, die ständig auf uns wirkt und uns nach unten, in Richtung des Erdmittelpunkts, zieht. Man nennt sie Schwerkraft. Und wir haben die Fähigkeit, diese Schwerkraft zu spüren. Wir können uns an ihr orientieren und unseren Körper nach ihr ausrichten. So können wir unser Gleichgewicht halten. Diese Fähigkeit, die Schwerkraft zu spüren, ist so wichtig, dass fast alle Tiere sie besitzen.

STATOZYSTEN

Schon bei recht einfach aufgebauten Tieren haben sich spezielle Gleichgewichtsorgane entwickelt, sogenannte Statozysten. Die Statozyste der **SCHNECKE** ist vom Aufbau her wie eine Kugel geformt. Die Sinneszellen bilden die Wand. Zum Innenraum hin haben sie Sinneshaare auf ihrer Oberfläche. Im Hohlraum befindet sich Flüssigkeit und in der Flüssigkeit sind winzige Körnchen (Statolithen) enthalten. Diese Körnchen werden durch die Schwerkraft nach unten gezogen. Verändert sich die Lage, verschieben sich die Körnchen. Dabei werden die Haare der darunterliegenden Haarsinneszelle gebogen und die Zellen dadurch aktiviert. Diese Information wird dem Gehirn weitergeleitet. Abhängig davon, welche Zellen gerade aktiviert werden, kann das Gehirn somit jederzeit die Lage ermitteln – und gegebenenfalls rasch gegensteuern.

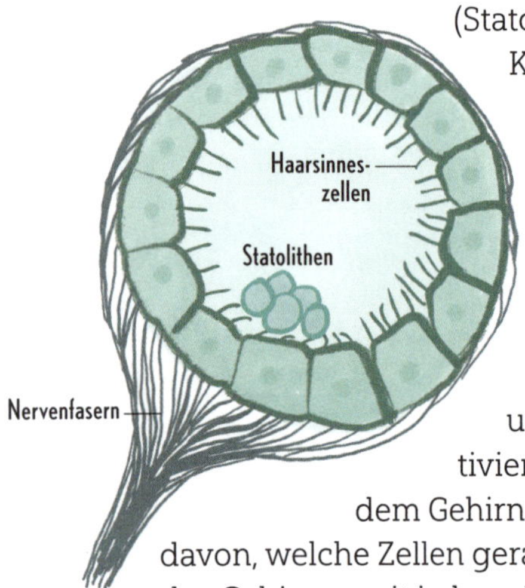

STEINCHEN SAMMELN

Flusskrebse und **HUMMER** haben in ihren Antennen links und rechts jeweils eine Grube, die mit Haarzellen ausgekleidet ist. Sie stecken kleine Sandkörnchen in diese Gruben, sodass diese vom Prinzip her die Funktion von Statozysten übernehmen. Bei jeder Häutung werden die Körnchen zusammen mit dem Panzer abgestoßen. Die Krebse müssen dann wieder neue Körnchen in ihre Gruben packen, um sie als Gleichgewichtsorgane zu nutzen.

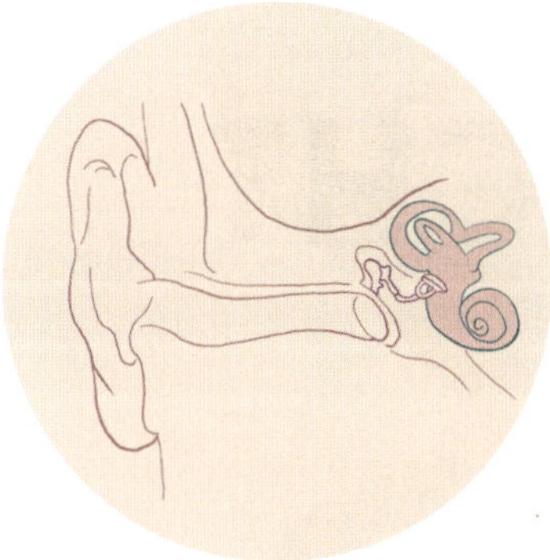

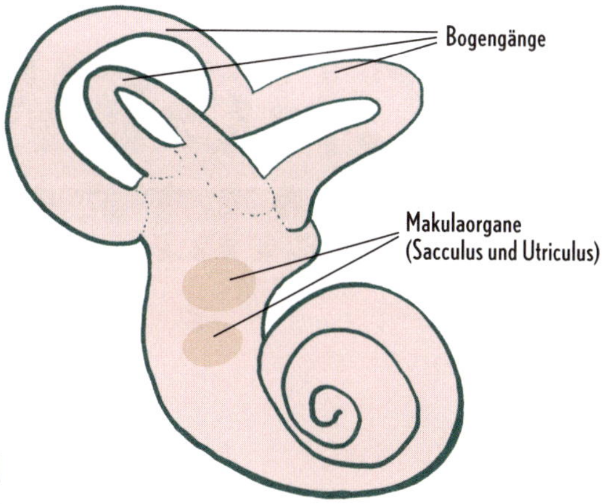

WIRBELTIERE UND MENSCHEN

Bei den Wirbeltieren und uns Menschen befindet sich das Gleichgewichtsorgan im Innenohr, im sogenannten Labyrinth. Es besteht aus zwei (bei manchen Wirbeltieren auch drei) sogenannten Makulaorganen und drei Bogengängen. Die **Makulaorgane** sind den Statozysten vom Prinzip her sehr ähnlich. Nur sind die Sinneszellen nicht in Form einer Kugel angeordnet, sondern als Fläche. Auf den Sinneszellen liegt eine Gelschicht, in die die Sinneshaare hineinragen, und darauf eine Schicht mit Statolithen. Bei Bewegung verschieben sich die Haarsinneszellen. Die Gelschicht mit den Statolithen bewegt sich jedoch langsamer als die Haarsinneszellen, weil sie schwer und träge ist. Sie bleibt also etwas zurück. Die Haare der Haarzellen werden dadurch abgebogen – und die Zellen aktiviert!

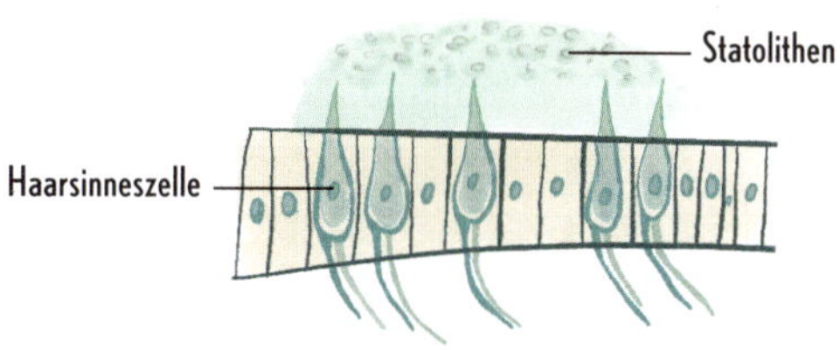

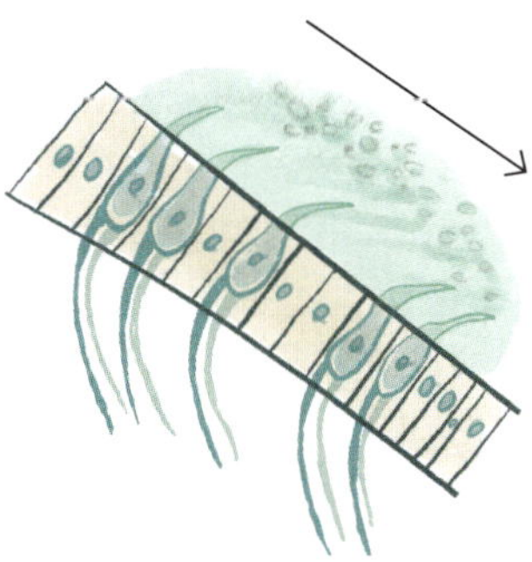

Die zwei Makulaorgane im Innenohr sind in unterschiedliche Richtungen ausgerichtet. Und Makulaorgane befinden sich sowohl im linken als auch im rechten Innenohr. So werden Bewegungen in alle möglichen Richtungen erfasst.
Doch der Kopf vieler Wirbeltiere ist sehr beweglich. Da sich die Makulaorgane im Innenohr befinden, wird jede Bewegung des Kopfes immer auch von den Makulaorganen erfasst. Wie sollen die Makulaorgane die Lage des Körpers genau bestimmen, wenn das Signal ständig verwackelt? Dafür gibt es zusätzliche Messstellen: die **Bogengänge**! Das sind bogenförmige Schläuche, die mit Flüssigkeit gefüllt sind und die auch wieder spezielle Sensoren (sogenannte Ampullen) enthalten. In diesen Bogengängen wird die Drehbeschleunigung gemessen, wenn wir unseren Kopf bewegen. Durch die zusätzlichen Informationen von den Ampullen kann das Gehirn die Lage des Körpers von der Drehung des Kopfes gut unterscheiden.
Zusätzliche Informationen erhält das Gehirn von speziellen Sensoren in den Gelenken und den Muskeln. Das Gehirn setzt alle Informationen zusammen und kann so die Lage und die Bewegungen des Körpers präzise messen. Bei Bedarf kann es dann Befehle herausgeben, welche Muskeln aktiv werden müssen, damit das Gleichgewicht gehalten werden kann.

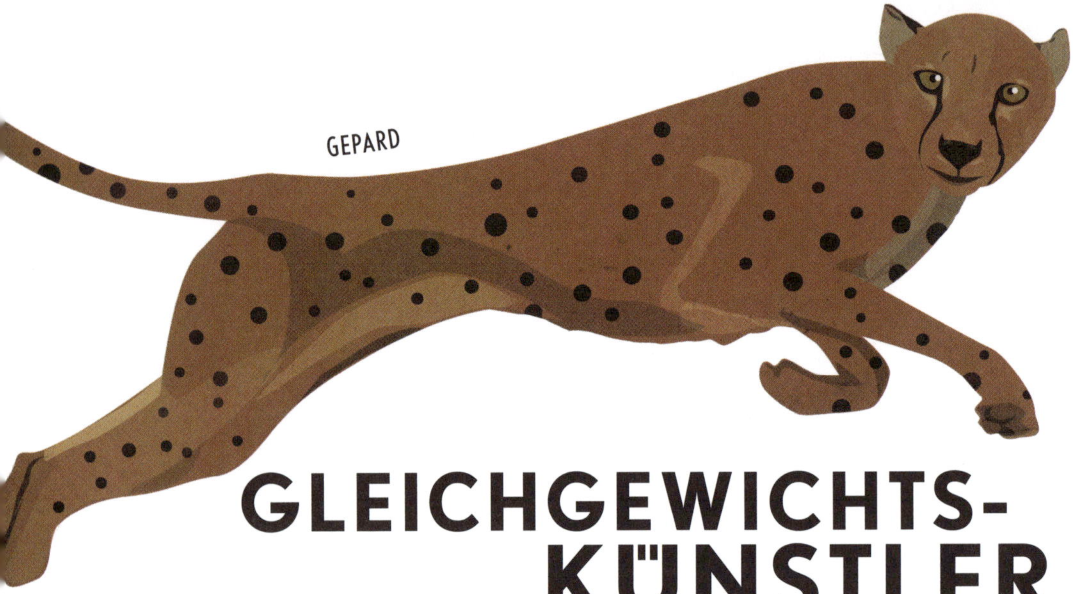

GLEICHGEWICHTS-KÜNSTLER

Das Gleichgewichtsorgan ist ständig in Aktion. Beim Aufrichten, Sitzen, Stehen und bei jeder Bewegung ist es beteiligt, um den Körper im Gleichgewicht zu halten und die Schwerkraft auszugleichen. Bei den extremen Lebensweisen einiger Tiere muss es dabei echte Höchstleistungen erbringen

RASEND SCHNELL

Der **GEPARD** jagt mit Spitzengeschwindigkeiten von bis zu 120 Stundenkilometern und ist damit das schnellste Tier an Land. Sein Gleichgewichtsorgan ist besonders empfindlich und die Bogengänge sind dabei im Vergleich zu anderen Großkatzen wie Löwe oder Tiger deutlich größer. Ein guter Gleichgewichtssinn ist für den Gepard auch äußerst wichtig. Denn damit er während seines schnellen Sprints die Augen auf seine Beute gerichtet halten kann, muss er mithilfe seines Gleichgewichtsorgans die Bewegungen von Kopf und Körper präzise ausgleichen.

FLUGAKROBATEN

MAUERSEGLER müssen beim Fliegen sehr wendig sein, denn sie jagen nach sich schnell bewegenden Insekten. Auch sie benötigen dafür ein sehr empfindliches Gleichgewichtsorgan, damit sie ihre Beute während des Fluges im Blick halten und blitzschnelle Ausgleichsbewegungen ausführen können.

VON BAUM ZU BAUM

Wenn du schon einmal ein **EICHHÖRNCHEN** im Park beobachtet hast, weißt du, wie geschickt und mit welcher Präzision es von Baum zu Baum springen kann. Und das in rasend schneller Geschwindigkeit! Bevor es zum Sprung ansetzt, müssen Abstand und Biegsamkeit der Äste genau abgeschätzt werden. Bewegungen müssen bei Bedarf in Sekundenbruchteilen angepasst werden. Das Gleichgewichtsorgan arbeitet dabei eng mit den anderen Körpersinnen zusammen.

SANFT GELANDET

Fällt eine **KATZE** vom Baum, dreht sie ihren Körper so, dass sie wieder auf ihren Füßen landet. Dabei orientiert sie sich neben dem Gleichgewichtssinn auch am Sehsinn und an den Informationen von Gelenken und Muskeln.

DREHWURM

Strecke deine Arme zur Seite und drehe dich ganz schnell mindestens dreimal um dich selbst. Nun bleib stehen. Wahrscheinlich wirst du einen Drehwurm haben. Vielleicht fällst du sogar um! Das Schwindelgefühl beim Drehwurm entsteht, weil die Flüssigkeit in deinen Bogengängen sich weiterbewegt, während deine Augen aber ans Gehirn melden, dass du bereits zum Stehen gekommen bist. Für dein Gehirn sind das zwei widersprüchliche Informationen – und daher kommt's zum Schwindel!

Du kannst dir das schön veranschaulichen mit einem Experiment. Nimm eine Gugelhupfform und fülle sie etwa zur Hälfte mit Wasser. Bewege die Form so in deinen Händen, dass sich das Wasser im Kreis dreht. Nun stoppe die Bewegung plötzlich! Auch hier bewegt sich die Flüssigkeit ein wenig weiter – ähnlich wie die Flüssigkeit in deinen Bogengängen bei deinem eigenen Drehversuch.

Du brauchst
- *eine Guglhupfform*
- *Wasser*

TESTE DEIN GLEICHGEWICHT!

Stelle dich auf ein Bein. Jetzt versuche, dich auf dem einen Bein einmal um dich selbst zu drehen. Na, klappt's? Wiederhole das Experiment mit geschlossenen Augen! Nun probiere, auf einer Matratze oder einem Kissen auf einem Bein zu stehen, auch wieder erst mit geöffneten und dann mit geschlossenen Augen. Was fällt dir auf und warum könnte das so sein? *Guck auf Seite 96 für eine Erklärung!*

SCHWERER KOPF

Bei der **LIBELLE** ist der Kopf so träge und schwer, dass er die wendigen Bewegungen des Körpers nicht sofort mitmacht. Wenn der Körper in Schieflage gerät, ist er zum Kopf verdreht. Um hier rasch gegenzusteuern, hat die Libelle spezielle Haarzellen am Hals. Diese messen die Lage des Körpers relativ zum Kopf. Mithilfe dieser Messdaten kann die Libelle mit ihren Flügeln dann gezielt Ausgleichsbewegungen ausführen, um wieder die normale Fluglage zu erreichen. Übrigens hat auch die Honigbiene solche Haarzellen am Hals, um die richtige Lage des Körpers während des Fluges sicherzustellen.

DIE TEMPERATUR FÜHLEN

Tiere können nur in einem begrenzen Temperaturbereich überleben. Es ist daher für sie äußerst wichtig zu spüren, welche Außentemperatur sie umgibt und ob diese für sie günstig ist. Sensoren für die Temperatur, sogenannte Thermorezeptoren, sind somit für alle Tiere überlebensnotwendig. Sie finden sich bei den Tieren meist in der Haut verteilt, bei den Insekten auch häufig auf den Antennen am Kopf. Unterschiede gibt es bei der Kontrolle der Körpertemperatur zwischen den wechselwarmen und den gleichwarmen Tieren.

WECHSELWARME TIERE

Zu den wechselwarmen Tieren gehören die Fische, Amphibien und Reptilien, aber auch Schnecken, Würmer, Spinnen und Insekten. Sie besitzen keine eigene Körperheizung, sondern nehmen die Wärme nur über die Umwelt auf. So kann die Körpertemperatur je nach Tages- und Jahreszeit sehr unterschiedlich sein. Sie lässt sich aber durch das Verhalten beeinflussen. So kann die **EIDECHSE** zum Beispiel nach einer kühlen Nacht einen sonnigen Platz suchen, um ihre Körpertemperatur rasch wieder zu erhöhen.

GLEICHWARME TIERE

Zu den gleichwarmen Tieren gehören die Vögel und die Säugetiere – und damit auch der Mensch. Gleichwarme Tiere haben eine Art eigene Körperheizung. Bei uns Menschen ist sie auf 37 °C eingestellt. Bei den verschiedenen Tieren kann sie aber auch anders programmiert sein. Wichtig für alle gleichwarmen Tiere ist, dass die Körpertemperatur konstant gehalten werden muss. Die Körperheizung muss daher genau kontrolliert werden.

Etwas zu dick war der Wärmemantel eines herrenlosen, über Jahre ungeschorenen Schafes in Australien. 42 Kilogramm war die Wolle schwer, absoluter Rekord! Doch das Tier konnte damit kaum noch laufen und sich bewegen. Nach dem Scheren wurde das nackte Schaf dann erst einmal in eine warme Daunendecke eingepackt, damit es nicht frieren musste.

Du brauchst
- *drei Schalen*
- *Wasser*
- *Eiswürfel*

TÄUSCHENDE WAHRNEHMUNG

Fülle drei Schalen mit Wasser: eine mit eiskaltem Wasser mit Eiswürfeln, eine mit lauwarmem Wasser und eine mit sehr warmem Wasser. Nun stecke für eine Minute den linken Zeigefinger in das eiskalte Wasser und den rechten Zeigefinger in das warme Wasser. Stecke nun nach einer Minute beide Zeigefinger in die mittlere Schale. Was fällt dir auf?

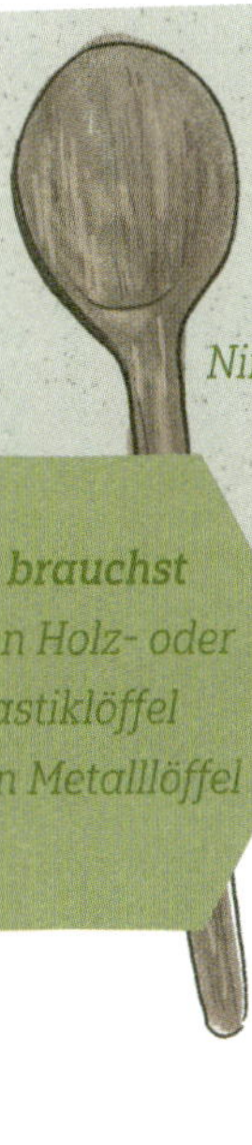

UNTERSCHIEDLICHE MATERIALIEN

Nimm zwei Löffel, einen aus Holz oder Plastik und einen aus Metall, und halte sie an deine linke und rechte Wange. Was fällt dir auf? Fühlen sie sich gleich warm an?

Du brauchst
- *einen Holz- oder Plastiklöffel*
- *einen Metalllöffel*

Die Erklärung zu beiden Versuchen findest du auf Seite 96.

REGULATION DER KÖRPERTEMPERATUR

Gleichwarme Tiere müssen eine konstante Körpertemperatur aufrechterhalten. Viele Tiere haben daher Strategien entwickelt, um sich vor extremen Außentemperaturen und der Gefahr einer möglichen Überhitzung oder Unterkühlung zu schützen.

ABKÜHLUNG GEFÄLLIG?

Droht im Sommer eine Überhitzung, weil die Außentemperatur sehr warm ist, muss die überschüssige Wärme durch Verdunstung abgegeben werden. Der Hund kann nicht schwitzen, weil ihm dazu die Schweißdrüsen fehlen. Er streckt stattdessen die Zunge heraus und hechelt.

ORDENTLICH AUFGEPLUSTERT

Im Winter müssen sich die Tiere vor der kalten Umgebungstemperatur schützen. Damit möglichst wenig Wärme nach außen verloren geht, plustern sie ihr Fell oder Gefieder auf.

PERFEKTER TAUCHERANZUG

Selbst bei eiskaltem Wasser geht der **FISCHOTTER** auf Beutejagd, denn durch sein extrem dichtes Fell und die im Fell eingeschlossene Luft ist er sehr gut isoliert vor der Kälte. Das Wasser dringt zwar ins Fell ein, gelangt aber nicht bis zur Haut. Diese bleibt trocken.

BARFUSS AUF DEM EIS

Manche Wasservögel, wie zum Beispiel die **ENTEN,** können ihre Beinhaut auf wenige Grad Celsius abkühlen. So geht sehr wenig Wärme über die Beine verloren, und es wird weniger Energie benötigt, um die Körpertemperatur zu halten.

THERMOMETER IM SCHNABEL

Auch für die Brutpflege ist eine genaue Kontrolle der Temperatur wichtig. Normalerweise bebrüten Vögel ihre Eier und halten sie so auf konstanter Temperatur. Nicht so das **THERMOMETERHUHN**! Dieses bebrütet die Eier nicht selbst, sondern baut ein großes Nest aus Sand und faulenden Pflanzenteilen. Bei der Zersetzung der Pflanzenteile entsteht Wärme, die recht konstant ist. Nun kontrolliert das Huhn die Temperatur regelmäßig, indem es seinen temperaturempfindlichen Schnabel in den Hügel steckt und damit misst. Ideal ist eine Temperatur von 33 °C. Ist die Temperatur zu hoch, wird gelüftet. Ist sie zu niedrig, wird das Nest mit Sand zugedeckt.

IGEL

DEN WINTER VERSCHLAFEN

Manche kleinen Säugetiere können den Winter nur überstehen, indem sie ihre Körpertemperatur verstellen. Sie begeben sich in Winterschlaf. Dabei ist die gewünschte Körpertemperatur sehr viel geringer und sinkt auf nahe 0 °C. Die Temperatur wird währenddessen genau kontrolliert, damit sie nie so stark abfällt, dass das Tier erfrieren könnte.

WÄRMESTRAHLUNG FÜHLEN

Wir Menschen empfinden die von der Sonne oder einem Feuer ausgehende Infrarotstrahlung über unsere Temperaturrezeptoren in der Haut als Wärme. Man spricht daher auch von Wärmestrahlung. Auch wir selbst und andere gleichwarme Tiere (also Tiere mit eigener Körperheizung) geben solche Infrarotstrahlung ab. Manche Tiere haben spezielle Temperatursensoren, sogenannte Infrarotrezeptoren, und können mit diesen sehr genau herausfinden, woher solch eine Strahlung kommt. Sie können die Wärmequelle gezielt orten.

EINE EINGEBAUTE WÄRMEBILDKAMERA

Einige **SCHLANGEN**, wie zum Beispiel die Grubenottern, haben spezielle Sinnesorgane, die sogenannten Grubenorgane, für Infrarotstrahlen. Sie können damit winzigste Temperaturunterschiede erkennen und schon aus größerer Entfernung die Körperwärme eines Beutetieres wahrnehmen. Besonders spannend ist, dass diese Wärmeinformationen aus den Grubenorganen im Gehirn direkt mit den von den Augen kommenden Sehinformationen verknüpft werden. So ergänzen sich Seh- und Wärmeinformationen zu einem gemeinsamen Wärmebild. Man nimmt daher an, dass die Schlangen die Wärmeinformationen (und damit das Beutetier) tatsächlich »sehen« können, ähnlich wie mit einer Wärmebildkamera.

VAMPIRFLEDERMAUS

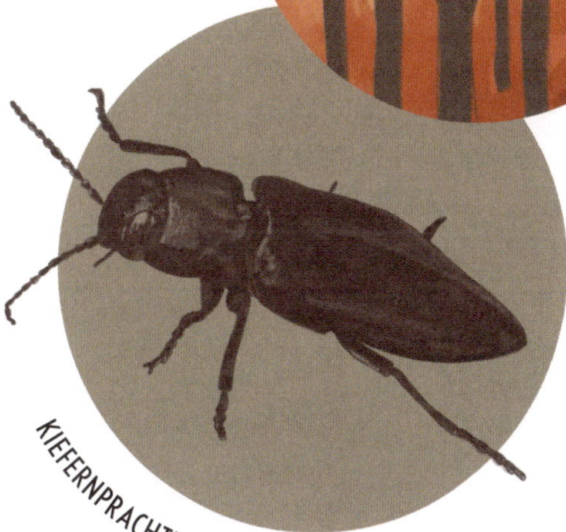

KIEFERNPRACHTKÄFER

ZIELSICHER ZUBEISSEN

Die **VAMPIRFLEDERMAUS**, die in Mittel- und Südamerika zu Hause ist, ernährt sich vom Blut schlafender Säugetiere. Sie kann die von den Säugetieren ausgehenden Infrarotstrahlen mithilfe spezieller Infrarotsensoren wahrnehmen. Besonders stark ist die Strahlung dort, wo die Blutgefäße flach unter der Haut verlaufen, denn dort wird mit dem Blut besonders viel Wärme an die Hautoberfläche transportiert. Mithilfe der Infrarotsensoren kann die Fledermaus diese Stellen zielgerecht finden und genau dort zubeißen, wo ein Blutgefäß unter der Haut liegt, um das austretende Blut dann aufzulecken.

WALDBRÄNDE FINDEN

Einige Insektenarten können mithilfe ihrer Infrarotsensoren Waldbrände lokalisieren. Besonders gut untersucht wurde dies beim **SCHWARZEN KIEFERNPRACHTKÄFER**. Er kann Waldbrände in bis zu 100 Kilometern Entfernung wahrnehmen und anfliegen. Und das ist sehr wichtig für ihn. Denn er legt seine Eier in die Rinde der toten, feuergeschädigten Bäume. In lebenden Bäumen könnten sich die Larven nicht entwickeln.

SCHMERZEN FÜHLEN

Schmerzsinneszellen befinden sich an vielen Stellen im Körper: vor allem in der Haut, aber auch im Inneren des Körpers. Sie sind wie eine Art Alarmknopf. Sie werden nur aktiv, wenn eine Bedrohung besteht, dass Zellen im Körper geschädigt werden. Dann schicken sie ein Alarmsignal heraus: den Schmerz!

WOFÜR SCHMERZEN GUT SIND

Bestimmt bist du schon irgendwann mal hingefallen und hast dir wehgetan. Oder du hattest Bauchschmerzen. Oder vielleicht Kopf- oder Zahnschmerzen. Erinnerst du dich an den Schmerz? Wahrscheinlich schon. Denn Schmerzen können ziemlich unangenehm sein. Man würde denken, dass es doch viel besser wäre, wenn es gar keine Schmerzen gäbe. Aber: Sie haben eine wichtige Schutzfunktion. Sie helfen, schlimmere Schäden zu vermeiden. Denk mal: Wenn du zum Beispiel am Backofen eine heiße Stelle anfasst, spürst du sofort einen Schmerz und ziehst die Hand schnell zurück. Nun überlege, was passieren würde, wenn du die Hand nicht vom heißen Backofen wegziehen würdest. Die Verbrennungen wären nachher viel schlimmer. Vielleicht wären sie sogar so stark, dass das Gewebe gar nicht mehr heilen kann. Der Schmerz beim Anfassen der heißen Stelle hat also einen Sinn!

SCHMERZEN BEI TIEREN

Schmerzsinneszellen, die ein Warnsignal herausschicken und dadurch eine Reaktion auslösen – sie wurden bereits bei sehr einfach aufgebauten Tieren nachgewiesen! Dennoch dachte man lange, dass Tiere keine Gefühle wie Schmerzen, Angst oder Leid empfinden können, weil man davon ausging, dass Tiere kein Bewusstsein haben. Das kam vielleicht auch daher, dass es so schwierig war, dies zu untersuchen. Denn Tiere können uns nicht einfach sagen, ob sie etwas fühlen. Zudem verbergen viele Tiere ihre Schmerzen, weil sie ein Zeichen von Schwäche darstellen würden und die Aufmerksamkeit von Feinden auf sie lenken könnten.

Mittlerweile hat man in der Forschung dazugelernt und weiß nun, dass Säugetiere und Vögel Schmerzen in ähnlicher Weise empfinden können wie wir Menschen. Auch bei Reptilien, Amphibien und Fischen hat man erkannt, dass ihr Schmerzsystem dem des Menschen sehr

ähnelt. Das Empfinden von Schmerzen ist hier jedoch noch viel weniger untersucht. Dennoch nehmen viele Forscher und Forscherinnen an, dass auch diese Tiere Schmerzen bewusst wahrnehmen. Und selbst bei den wirbellosen Tieren, wie zum Beispiel den Insekten, Schnecken oder Spinnen, hat man Hinweise darauf gefunden, dass sie Schmerzen bewusst wahrnehmen können.
Wie wichtig ist es für uns, dies im Umgang mit den Tieren zu beachten!

ELEKTRIZITÄT & MAGNETISMUS SPÜREN

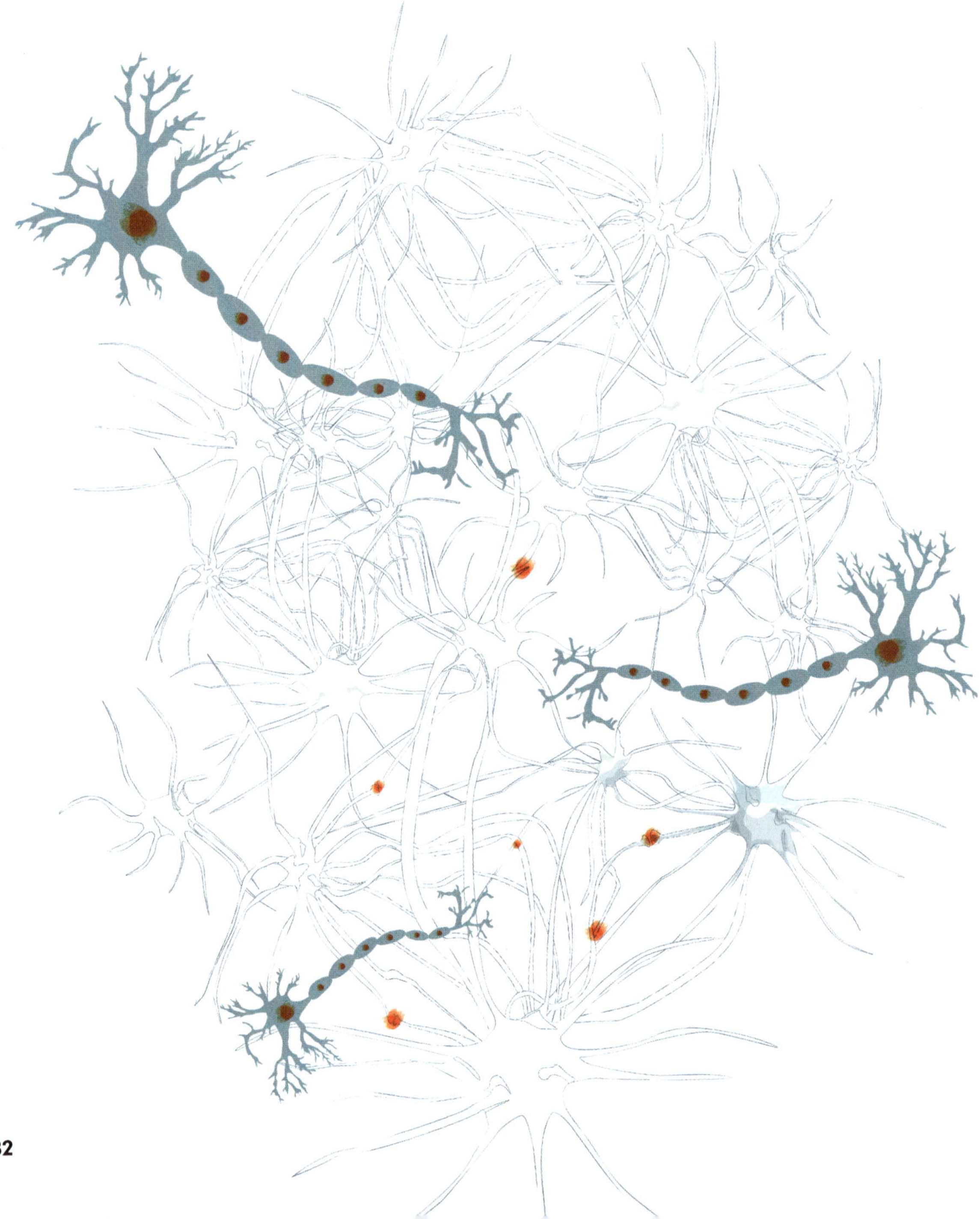

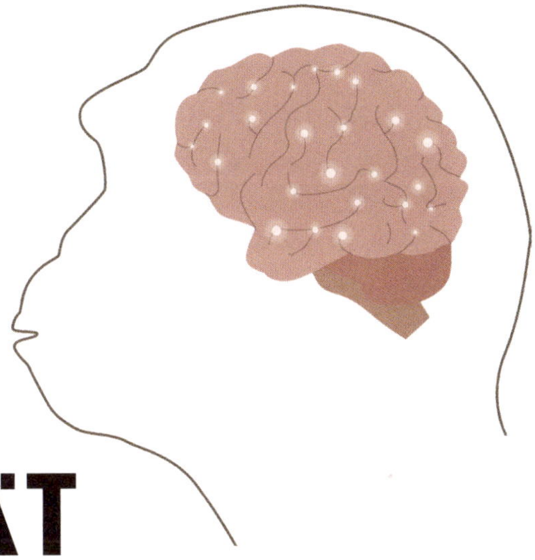

ELEKTRIZITÄT

Elektrizität begegnet uns überall in unserem Alltag. Wir schalten das Licht an. Wir nutzen elektrische Geräte, wie zum Beispiel einen Computer, eine Waschmaschine oder einen Staubsauger. Allgemein gesprochen, beruht Elektrizität dabei auf winzig kleinen negativ geladenen Teilchen, den Elektronen. Wenn diese Elektronen sich bewegen und durch eine Leitung fließen, entsteht elektrischer Strom.

ELEKTRIZITÄT IM KÖRPER

Auch in unserem Körper spielt Elektrizität eine wichtige Rolle, wie du schon weißt. Die Übermittlung von Nachrichten über die Nerven erfolgt über elektrische Signale entlang der langen Nervenfortsätze. Wie Elektrokabel kannst du dir diese Fortsätze vorstellen. Sie verlaufen von den Sinnesorganen über das Rückenmark zum Gehirn und übermitteln dem Gehirn die Information über die verschiedenen Sinnesreize. Vom Gehirn führen Nerven dann zu den Muskeln. Diese Nerven überbringen die Befehle, welche Muskeln wie bewegt werden sollen. Muskeln können dabei Skelettmuskeln sein, mit denen du zum Beispiel dein Bein oder deinen Arm bewegst. Aber auch das Zwerchfell, das für deine Atmung verantwortlich ist, und dein Herz sind Muskeln. Sie müssen ständig arbeiten, damit du weiteratmest und dein Herz regelmäßig und ohne Pause schlägt. Nerven kommunizieren auch untereinander, zum Beispiel die Nerven der einzelnen Gehirnbereiche. Sie sind wie ein dichtes Netzwerk miteinander verbunden. Und all diese Aktivitäten der Nerven funktionieren mittels elektrischer Signale. Bei jedem Gedanken, bei jedem Atemstoß, bei jeder Körperbewegung und bei jedem Herzschlag entsteht daher Elektrizität. Wenn auch nur in winzig kleinen Mengen.
Wir sind also elektrisch. Ein bisschen zumindest. Und nicht nur wir, sondern die meisten Tiere. Denn die meisten Tiere haben eine Form von Nervensystem, wenn auch in unterschiedlicher Ausprägung.

DIE PASSIVE ELEKTROORTUNG

Einige Tiere haben die Fähigkeit, Elektrizität mithilfe spezieller Elektrorezeptoren zu spüren. Man nennt dies passive Elektroortung. Und dies kann für die Orientierung sehr wichtig sein, besonders im trüben Wasser oder am dunklen Meeresgrund, wo das Sehen mit den Augen erschwert ist.

AUF BEUTEJAGD MIT ELEKTROSENSOR

Einen besonders empfindlichen Elektrosinn hat der **HAMMERHAI.** Die Unterseite seines außergewöhnlich geformten Kopfes ist übersät mit zahlreichen Elektrozeptoren. Mit ihnen kann der Hammerhai den Meeresboden breitflächig auf elektrische Signale absuchen und so auf Beutejagd gehen. Selbst die vollkommen reglos im Sand vergrabene Scholle verrät sich durch die Elektrizität ihres schlagenden Herzens.

GEFÄHRLICHE SÄGE

Die Säge beim **SÄGEROCHEN** wird zum Aufspüren elektrischer Signale verwendet und dabei flach über den Meeresboden geführt. Gleichzeitig kann sie aber auch als eine Art Schwert verwendet werden, um die gefundene Beute direkt zu erlegen.

MIT DEM SCHNABEL VORAN

Auch das in Australien lebende **SCHNABELTIER** hat einen Elektrosinn. Während des Tauchens im Wasser hält es seine Augen, Ohren und Nase geschlossen und durchstöbert stattdessen mithilfe seines elektroempfindlichen Schnabels zwischen den Steinen den Grund der Seen nach Insektenlarven, Krebsen und Würmern.

Der **SCHNABELIGEL** nutzt den mit Elektrorezeptoren besetzten Schnabel für die Futtersuche, wenn er den feuchten Boden nach Beute, wie zum Beispiel Würmern, Raupen und Käfern, durchstochert.

BLOSS NICHT BEWEGEN!

Um sich vor den elektroempfindlichen Jägern zu schützen, haben sich auch die Beutetiere außergewöhnliche Strategien überlegt. So erstarrt zum Beispiel der **TINTENFISCH,** wenn sich ein Hai nähert, und hält den Atem an. Er verringert dadurch die Aktivität seiner Muskeln – und somit gleichzeitig die damit verbundene Elektrizität. So kann der Tintenfisch häufig unbemerkt bleiben und dem Hai entkommen.

DIE AKTIVE ELEKTROORTUNG

Einige Fische können Elektrizität nicht nur spüren – sie können sie auch selbst erzeugen! Sie stoßen regelmäßig schwache Stromstöße aus. Dabei entsteht ein elektrisches Feld um sie herum, mit dessen Hilfe sie sich orientieren. Man bezeichnet dies auch als aktive Elektroortung und die Fische mit dieser Fähigkeit als elektrische Fische. Manche dieser Fische können zudem auch sehr starke Stromstöße ausstoßen und nutzen dies als Waffe.

DIE UMGEBUNG »ABTASTEN«

Man kann sich das elektrische Feld, das durch die Stromstöße entsteht, mithilfe sogenannter Feldlinien vorstellen. Sie verlaufen vom Kopf (als positivem Pol) bis zur Schwanzspitze des Fisches (dem negativen Pol). Besonders gut hat man die aktive Elektroortung beim **ELEFANTENRÜSSELFISCH** untersucht. Rechts siehst du, was passiert, wenn der Elefantenrüsselfisch sich einer Pflanze nähert. Die Pflanze ist ein guter Stromleiter. Die Feldlinien verdichten sich.

Und wenn er sich einem Stein nähert? Dann umfließen die Feldlinien diesen Stein. Denn der Stein ist kein guter Stromleiter.

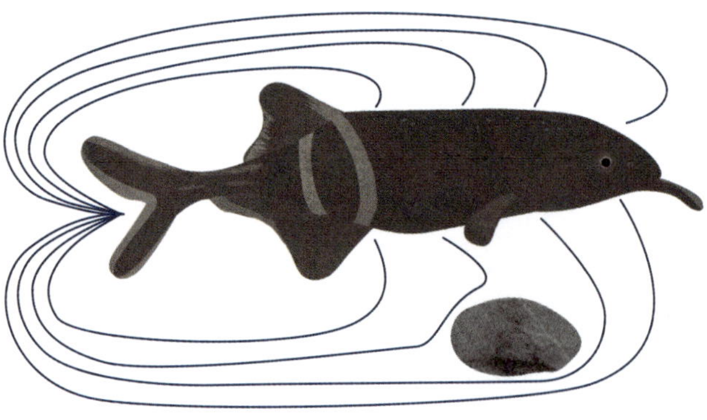

Die Veränderungen im elektrischen Feld werden von speziellen Elektrorezeptoren erkannt und an das Gehirn weitergeleitet. Dort werden sie auch mit den Informationen vom Sehsinn verknüpft. So kann sich der Fisch über den Elektrosinn ein recht genaues Bild von seiner Umgebung machen. Ähnlich wie die Fledermaus bei der Echoortung, nur eben nicht basierend auf Schallwellen, sondern basierend auf Elektrizität.

ELEKTRISCHE KOMMUNIKATION

Elektrische Fische unterhalten sich untereinander mithilfe von Elektrizität. So zeigen sie über die Stromstöße ihren sozialen Status, grenzen ihr Revier ab und geben Auskunft, ob sie gerade wütend oder friedlich gestimmt sind. Auch wenn ein Männchen einem Weibchen gefallen und es beeindrucken möchte, stößt es Stromstöße aus.

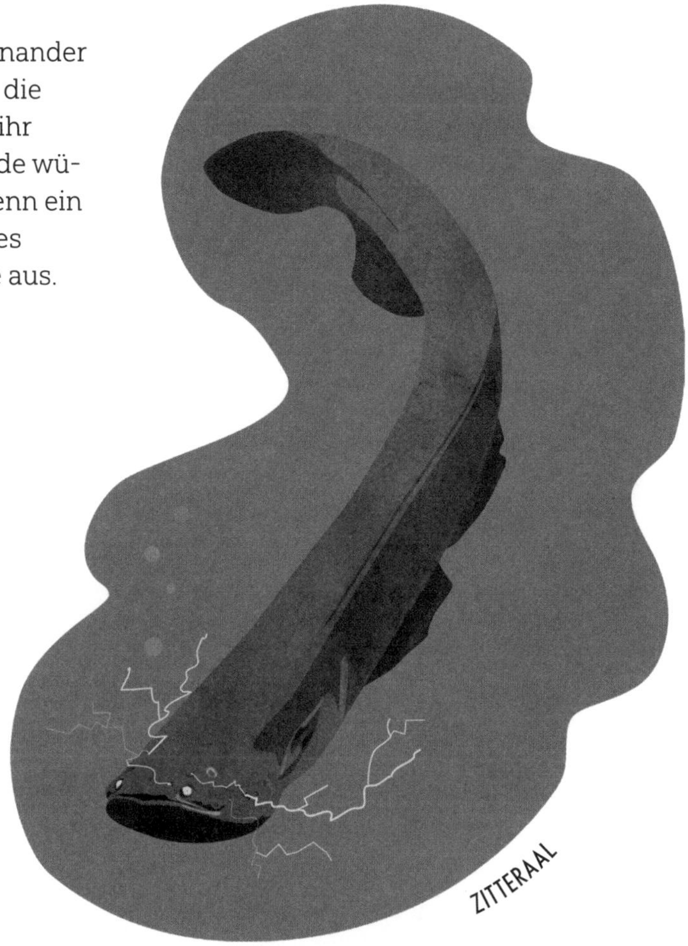

STROMSTÖSSE ALS WAFFE

Einige Fische haben die Fähigkeit, sehr starke Stromstöße auszustoßen. Sie können damit Tiere in ihrer Nähe betäuben. Der Zitterrochen kann zum Beispiel bis zu 200 Volt und der Katzenwels bis zu 300 Volt erzeugen. Besonders starke elektrische Felder produzieren auch die Nilhechte und südamerikanischen Meeresaale. Rekordhalter ist aber der **ZITTERAAL** mit bis zu 900 Volt.

BIONIK

Basierend auf den Erkenntnissen, die man bei den elektrischen Fischen gewonnen hat, arbeiten Wissenschaftlerteams nun auch an der Entwicklung neuartiger Kameras, die auf dem Prinzip der aktiven Echoortung beruhen. Diese Kameras sollen ein elektrisches Feld um sich herum erzeugen und die elektrischen Bilder von ihrer Umgebung dann mit Sensoren auf ihrer Oberfläche erfassen. Und das ganz ohne Licht! Solche Kameras können für den Einsatz in trüben oder dunklen Gewässern sehr hilfreich sein. Auch in der Medizin kann diese Technologie Verwendung finden, um zum Beispiel in Blutgefäßen gefährliche Ablagerungen zu finden, die einen Herzinfarkt oder einen Schlaganfall auslösen könnten. Das Forschungsgebiet, bei dem sich die Forschenden die Natur als Vorbild nehmen für ihre technischen Erfindungen, nennt man übrigens »Bionik«.

Es gibt noch weitere Beispiele für Bionik im Zusammenhang mit den Tiersinnen. Recherchiere dazu im Internet und notiere deine Ergebnisse in deinem Notizheft!

Die Route der meisten Weißstörche verläuft über die Türkei bis nach Südafrika. Es gibt aber auch eine westliche Route über Spanien und Gibraltar bis nach Westafrika.

EIN INNERER MAGNETKOMPASS

Jedes Jahr im Herbst machen sich große Scharen von Vögeln auf die Reise gen Süden, um dort den frostigen Temperaturen zu entfliehen und bei dem milderen Klima dann auch leichter Nahrung zu finden. Im Frühjahr fliegen sie wieder zurück gen Norden, um dort zu brüten und ihre Jungen aufzuziehen. Mehrere Tausend Kilometer legen die Vögel so jedes Jahr zurück. Doch wie können sie den Weg finden? Gesichert ist, dass sich die Vögel am Stand der Sonne und der Sterne orientieren. Auch Gerüche und Geräusche sowie lokale Gegebenheiten, wie ein Gebirge oder eine Küstenlinie, spielen möglicherweise eine Rolle. Aber noch etwas haben die Forscher und Forscherinnen herausgefunden: dass die Vögel eine Art inneren Magnetkompass in sich tragen, mit dem sie sich am Erdmagnetfeld orientieren können. Doch wie funktioniert der?

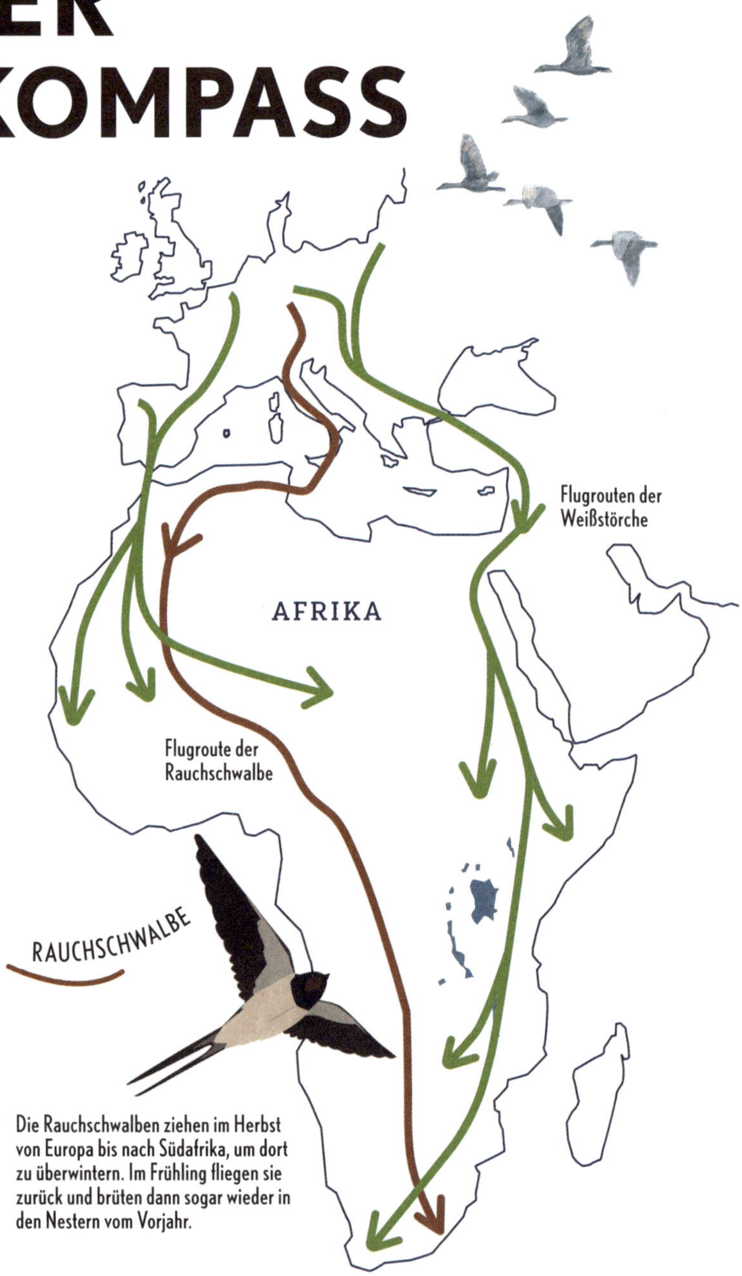

Die Rauchschwalben ziehen im Herbst von Europa bis nach Südafrika, um dort zu überwintern. Im Frühling fliegen sie zurück und brüten dann sogar wieder in den Nestern vom Vorjahr.

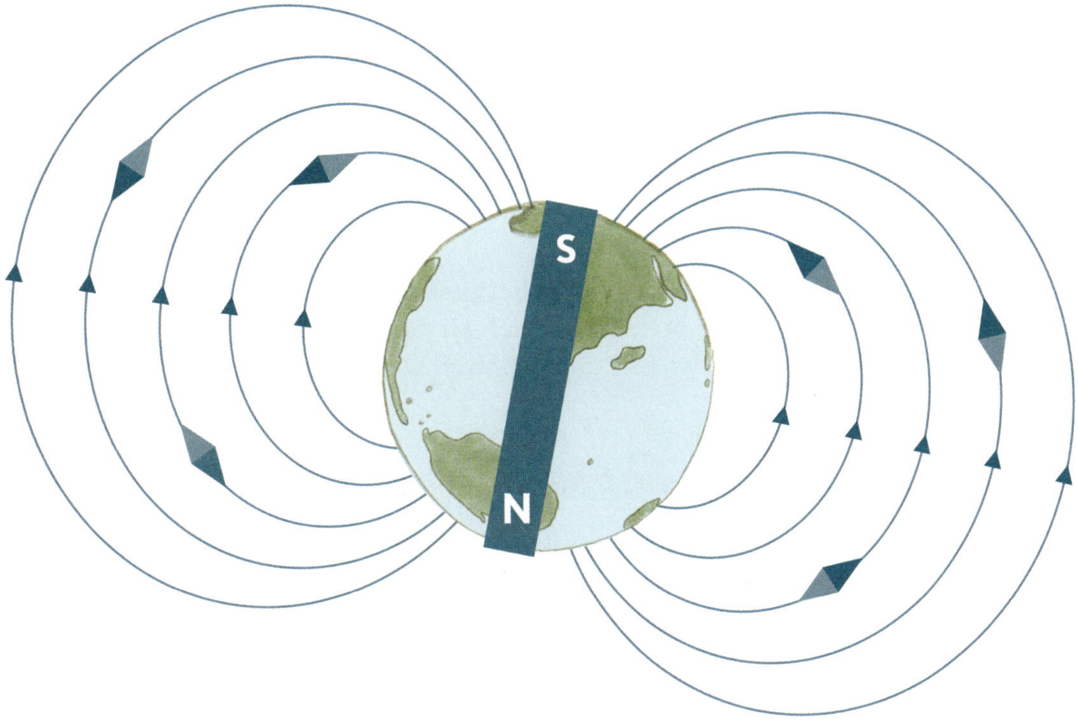

DAS ERDMAGNETFELD

Zuerst einmal musst du wissen, was das Erdmagnetfeld überhaupt ist. Der Magnetismus der Erde entsteht durch Strömungen von flüssigem Eisen tief im Inneren, im sogenannten Erdkern. Du kannst dir die gesamte Erdkugel als großen Stabmagneten vorstellen, und um diesen Stabmagneten entsteht ein Magnetfeld. Dieses Magnetfeld der Erde kann man auch an der Erdoberfläche messen. Es lässt sich in Form von Magnetfeldlinien darstellen, die unsere Erdkugel umgeben. Sie treten in der Südhalbkugel aus der Erde und treten in der Nordhalbkugel wieder in die Erde ein. Die einzelnen Magnetfeldlinien zeigen dabei, in welche Richtung die Nadel eines Magnetkompasses an jeder Stelle der Erde zeigen würde.

WIE SPÜREN TIERE DAS ERDMAGNETFELD?

Tiere spüren den Winkel, den die Feldlinien mit der Erdoberfläche bilden. So wissen sie, an welcher Stelle auf der Nord-Süd-Achse sie sich gerade befinden. Aber auch die lokale Stärke des Magnetfelds wird von den Tieren erfasst. Zusammen ergibt sich eine Art magnetisches Koordinatensystem, an dem sich die Tiere orientieren können.

UND WIR MENSCHEN?

Beim Menschen ist ein Magnetsinn bisher nicht nachgewiesen worden. Es gibt zwar Hinweise, dass zumindest unsere Nervenzellen auf Magnetfelder reagieren, aber es ist unklar, was das für eine Bedeutung hat. Denn wir nehmen den Magnetismus nicht bewusst wahr.

UNSICHTBARE STRASSEN

Mittlerweile hat man den Magnetsinn bei vielen Tieren nachweisen können. Sie orientieren sich an den magnetischen Feldlinien wie an unsichtbaren Straßen.

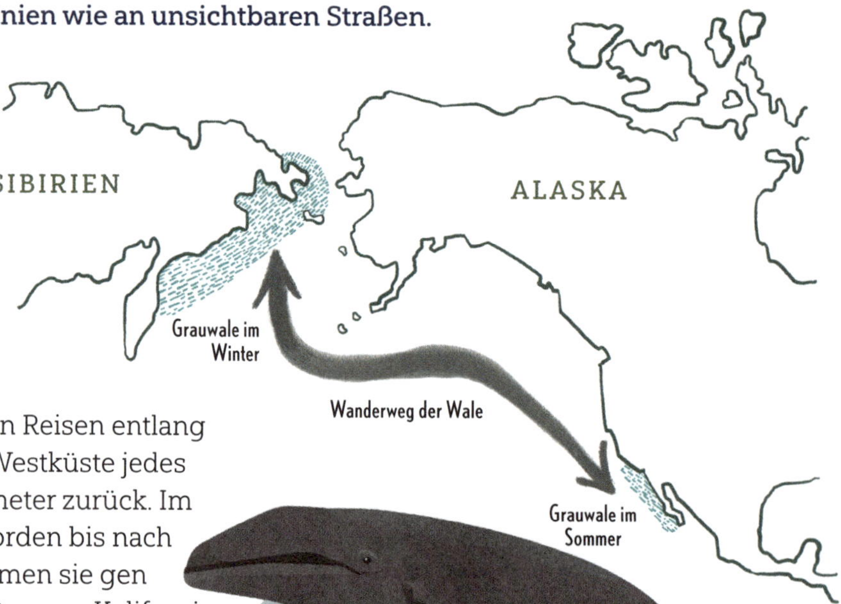

GRAUWALE

GRAUWALE legen auf ihren Reisen entlang der nordamerikanischen Westküste jedes Jahr mehr als 10 000 Kilometer zurück. Im Sommer ziehen sie gen Norden bis nach Alaska. Im Winter schwimmen sie gen Süden, wo sie vor den Küsten von Kalifornien und Mexiko ihre Jungen zur Welt bringen. Auch bei dieser langen Reise in den Weiten des Ozeans scheint der Magnetsinn eine entscheidende Rolle zu spielen.

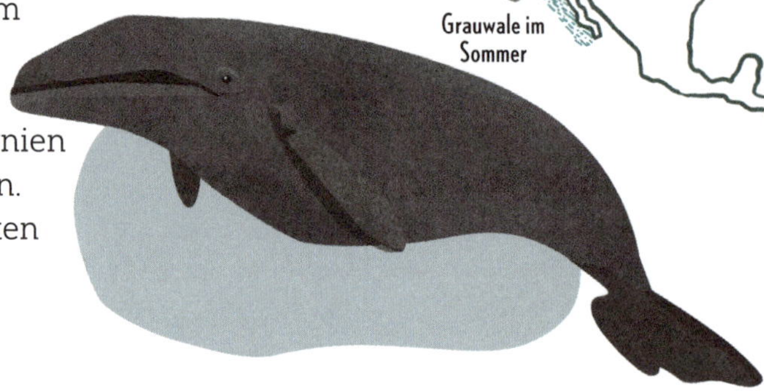

KOMPASSTERMITEN

Die in Australien vorkommenden **KOMPASSTERMITEN** leben in Grasflächen, die während der Regenzeit geflutet sind und in der Trockenzeit austrocknen. Wenn die Flächen geflutet sind, können die Termiten ihre Hügel nicht verlassen und ernähren sich von ihren Vorräten. Auffällig sind ihre Bauten mit der flachen, länglichen Form, die alle in exakt magnetischer Nord-Süd-Achse ausgerichtet sind. Wie Grabsteine auf einem riesigen Friedhof sieht das aus. Diese Nord-Süd-Ausrichtung liefert die perfekte Besonnung, um die Termiten vor Überhitzung und die Nahrungsvorräte gleichzeitig vor Schimmel zu schützen.

BRIEFTAUBEN

Wo auch immer eine **BRIEFTAUBE** losfliegt, immer findet sie ihren Weg zurück nach Hause. Selbst über Distanzen von vielen Hundert Kilometern. Sie nutzt dafür unter anderem ihren Magnetsinn.

RAUHAUT-FLEDERMÄUSE

Die **RAUHAUTFLEDERMÄUSE** ziehen von ihrem Sommerquartier in Nord- und Osteuropa gen Süden in Bereiche mit milderem Klima. Die Forschenden vermuten, dass der Magnetsinn bei ihnen in den Hornhäuten der Augen sitzt.

MONARCHFALTER

MONARCHFALTER begeben sich im Herbst auf eine mehrere Tausend Kilometer lange Reise vom Norden der USA und Kanada Richtung Süden, um den Winter im wärmeren Mexiko zu verbringen. Im Frühling fliegen sie dann wieder zurück. Ihr Magnetkompass ist abhängig vom Licht. Die Forschenden vermuten, dass lichtempfindliche Magnetsensoren in den Antennen der Monarchfalter hier eine Rolle spielen.

ES BLEIBT RÄTSELHAFT

Nun weiß man, dass es einen Magnetsinn gibt. Doch viele Fragen bleiben noch unbeantwortet.

WAS MAN BISHER WEISS …

Bei vielen Tieren hat man in bestimmten Körperzellen eisenhaltige Einlagerungen gefunden, sogenannte **Magnetitkristalle.** Diese sind magnetisch und richten sich am Magnetfeld aus. Man kann sie sich wie winzig kleine Kompassnadeln vorstellen. Und wenn sich diese winzigen Kompassnadeln bewegen, um sich in Nord-Süd-Richtung am Magnetfeld der Erde auszurichten, entsteht ein Reiz in der Zelle, der in ein elektrisches Signal umgewandelt und so zum Gehirn weitergeleitet wird. So vermuten die Forschenden es zumindest. Doch wie das alles im Detail funktioniert und wo die Sinneszellen genau sitzen, das weiß man noch nicht. Auffällig ist, dass bei manchen Tieren der Magnetsinn abhängig ist vom Licht bestimmter Wellenlängen. Man vermutet, dass bestimmte Farbpigmente in der Netzhaut des Auges, sogenannte **Cryptochrome**, hier eine Rolle spielen: Sie sind wichtig fürs Sehen und ihre Aktivität lässt sich vom Magnetfeld der Erde beeinflussen. Die Forschenden vermuten, dass die Tiere mithilfe dieser Pigmente den Verlauf der Magnetfeldlinien auf irgendeine Weise tatsächlich »sehen« können. Aber auch hier müssen noch viele ungeklärte Fragen beantwortet werden.

Viele Meerestiere orientieren sich möglicherweise noch über eine andere Art und Weise im Erdmagnetfeld. Denn sie erzeugen bei der Bewegung im Magnetfeld winzige Ströme, sogenannte **Induktionsströme**. Wenn sie diese winzigen elektrischen Ströme spüren – und viele Meerestiere können dies ja –, dann könnten ihnen diese Ströme als zusätzliche Wegweiser dienen.

Der Magnetsinn bleibt ein geheimnisvoller Sinn mit einer Menge an offenen Fragen. Die Zukunft wird uns hier sicherlich noch viele faszinierende Erkenntnisse bringen!

MEERESSCHILDKRÖTEN

Viele Brutplätze der **KARETTSCHILDKRÖTE** sind in Florida (Ostküste von Nordamerika) gelegen. Und dies ist für die Schildkröten der Ausgangspunkt einer langen Abenteuerreise gen Osten über den Atlantik bis nach Europa. Dort biegen sie nach Süden ab, schwimmen an Westafrika vorbei und wieder zurück nach Florida. Mehrere Jahre dauert diese Reise, die zuletzt an genau dem Strand endet, wo die Schildkröten einst geschlüpft sind. Dort legen die Weibchen ihre Eier. Offenbar haben sie sich die »Koordinaten« dieses Ortes genau gemerkt und über die Jahre auch nicht vergessen.

Auch hier spielt der Magnetsinn eine entscheidende Rolle, wie man herausgefunden hat. Denn wenn die Forschenden im Schildkrötenbecken ein Magnetfeld nachahmten, das dem Magnetfeld in Florida entsprach, schwammen die Schildkröten sofort gen Osten. Wurde aber ein Magnetfeld nachgeahmt wie vor der Küste Europas, dort wo die Schildkröten nach Süden abbiegen, dann schwammen die Schildkröten auch im Becken gen Süden. Ein fest vorgegebenes Programm also! Nur wie wurde es programmiert?

WUNDERWERKE DER NATUR

Du hast dich auf eine spannende Reise begeben in die Sinneswelt der Tiere und dabei gelernt, dass die Wahrnehmung der Umwelt bei den verschiedenen Tieren ganz unterschiedlich sein kann. Du hast erfahren, dass uns die Tiere in ihren Sinnesleistungen manchmal überlegen sind – und dass einige Tiere sogar Sinne entwickelt haben, die wir Menschen gar nicht besitzen. Dass unsere Wahrnehmung also nur eine von vielen ist – und zudem begrenzt!

Vielleicht hat dieses Buch deinen Blick auf die einzelnen Tiere verändert. Entdeckst du nun eine Spinne, siehst du sie vielleicht nicht nur krabbeln, sondern guckst auch gleich neugierig, ob du nicht an den Beinen noch kleine Sinneshärchen finden kannst. Landet ein Schmetterling auf einer Blüte, dann weißt du, dass er in diesem Moment nicht nur die Blüte ertastet, sondern mit seinen Füßen gleichzeitig auch den Geschmack dieser Blüte aufnimmt. Beobachtest du das Treiben auf einer Ameisenstraße, dann siehst du nicht mehr nur ganz viele Ameisen herumwuseln, sondern du weißt nun auch, dass sie alle einer Duftfährte folgen, die eine der Ameisen zu Beginn gelegt hat, um die anderen zu einer Futterstelle zu locken. Und siehst du die Augen einer Fliege, dann erinnerst du dich bewundernd, dass sie mit ihnen etwa zehnmal so schnell sehen kann wie du selbst.

Spinne, Schmetterling, Ameise …: Jedes Tier für sich ein Wunderwerk der Natur. Ausgerüstet mit ausgefeilter, hoch entwickelter »Technik«. Und dabei perfekt an den jeweiligen Lebensraum und die spezielle Lebensweise angepasst.

Vielleicht haben dich die vielen außergewöhnlichen Sinnesleistungen, die du in diesem Buch kennengelernt hast, neugierig gemacht, die Tierwelt und die Natur noch genauer zu beobachten. Die kleinen und großen Wunder zu suchen, die es zu entdecken gibt.

Und vielleicht hat dich dieses Buch auch etwas nachdenklich gemacht: Wie unachtsam wir Menschen häufig die Tiere und die Natur behandeln! Dabei gehört alles untrennbar zusammen. Und wir sind ein Teil davon.

Lass uns die Natur schützen! 

LÖSUNGEN

ZU SEITE 11:

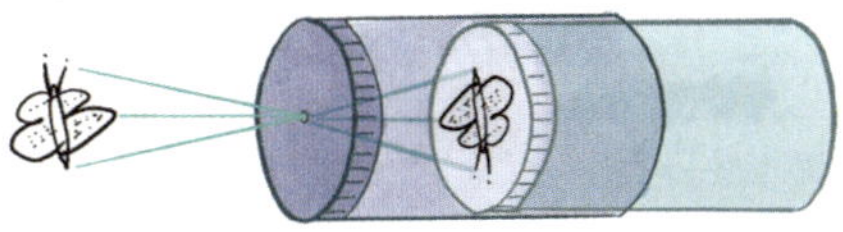

Bestimmt ist dir aufgefallen, dass das Bild umgedreht auf dem Transparentpapier erscheint, wenn du durch die Öffnung schaust. Dies ist so, weil sich die Lichtstrahlen am Loch in der Mitte des Dosenbodens überkreuzen.

ZU SEITE 17:

Du solltest die bunten Farben des Regenbogens sehen. Denn das sichtbare weiße Licht besteht aus Lichtstrahlen verschiedener Wellenlängen. Diese werden an der Wasseroberfläche unterschiedlich gebrochen und dabei in die verschiedenen Regenbogenfarben aufgeteilt. Vom Spiegel werden die Lichtstrahlen dann an die weiße Wand geworfen und dort als Regenbogen sichtbar.

ZU SEITE 27:

»Kannst du gut lesen?«: Bei geringem Licht ist es schwieriger zu lesen, denn die Sehschärfe nimmt ab. Das liegt daran, dass bei Dämmerung und Dunkelheit nicht die Zapfen, sondern die Stäbchen aktiv sind. Diese sind deutlich lichtempfindlicher. Aber dies geht auf Kosten der Schärfe, denn mehrere Stäbchen werden in der Netzhaut zusammengeschlossen und die Signale dann gebündelt zum Gehirn weitergeschickt. So erhält das Gehirn keine Information über einzelne, sondern nur über Gruppen von Stäbchen. Die Bildauflösung nimmt dadurch ab.

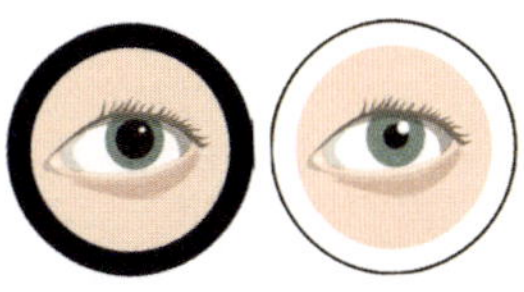

»Deine Pupillen«: Wenn du das Licht ausmachst, werden die Pupillen weit. Denn das Auge versucht in der Dunkelheit, so viel Licht wie möglich aufzunehmen. Wenn du das Licht wieder anmachst, verengen sich die Pupillen und die Menge an einfallendem Licht verringert sich.

»Helle Städte in der Nacht«: Die nachtaktiven Insekten werden vom künstlichen Licht angezogen. Sie versuchen, der Lichtquelle näher zu kommen, und sterben schließlich an Erschöpfung oder durch Verbrennungen. Auch andere Tiere sind betroffen. So gibt es Hinweise, dass Vögel die künstlichen Lichtquellen mit dem Mond oder den Sternen verwechseln und dadurch ihre Orientierung verlieren. Auch der Tag-Nacht-Rhythmus vieler Tiere kommt durch die hellen Nächte durcheinander. Naturschützer fordern daher, nur das zu beleuchten und nur so hell zu beleuchten, wie es tatsächlich nötig ist. Auf dauerhafte Beleuchtungen soll verzichtet werden, z. B. durch den vermehrten Einsatz von Bewegungsmeldern oder Zeitschaltuhren.

ZU SEITE 29:

Wenn du über ein normales Gesichtsfeld verfügst, müsstest du den Stift auch noch sehen, wenn du den Arm gerade zur Seite streckst und sogar etwas darüber hinaus. So in etwa könnte deine Zeichnung aussehen:

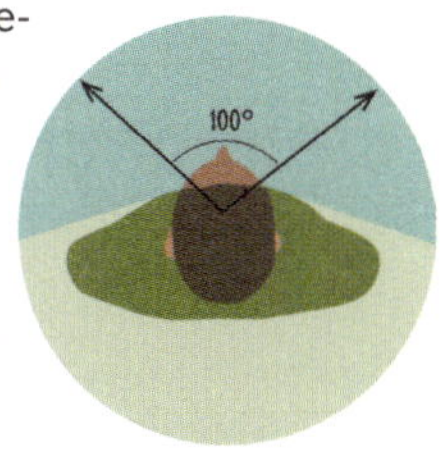

ZU SEITE 35:

Wahrscheinlich hast du den Kreis rechts größer wahrgenommen. Denn das Gehirn vergleicht die Objekte miteinander und rechnet dabei Faktoren wie die Größe und Anzahl der äußeren Kreise und die Entfernung der äußeren Kreise vom Mittelkreis mit ein. Insgesamt kommt das Gehirn dabei zum Schluss, dass der Kreis in der Mitte rechts größer sein muss. In Wahrheit sind die Mittelkreise rechts und links aber gleich groß. Auch hier zeigt sich: Das, was wir wahrnehmen, ist nur das, was unser Gehirn wahrnimmt. Und das muss nicht unbedingt der Wirklichkeit entsprechen.

ZU SEITE 39:

»Glasmusik«: Je mehr Wasser sich im Glas befindet, umso tiefer wird der Ton. Je weniger Wasser, umso höher. Denn das Wasser im Glas muss mitbewegt werden. Bei mehr Wasser im Glas muss also mehr Wasser mitbewegt werden. Das Glas schwingt dann langsamer und der Ton wird tiefer. Wenn weniger Wasser mitbewegt werden muss, kann das Glas schneller schwingen und der Ton wird höher. Wenn du mehrere Gläser mit unterschiedlich viel Wasser füllst, dann kannst du verschiedene Töne erzeugen und damit richtige Melodien spielen.

»Tanz der Salzkörner«: Die Salzkörner beginnen sich zu bewegen. Ohne dass du das Glas berührt hättest! Denn die Schwingungen des Glases werden auf die Luft übertragen und von dort auf die Folie. Die Folie gerät also in Schwingung – und die Salzkörner beginnen ihren Tanz!

ZU SEITE 43:

Sicher ist dir aufgefallen, dass die Größe der Ohren bei den zwei abgebildeten Elefanten unterschiedlich ist. Oben ist der Afrikanische Elefant zu sehen. Genauer genommen der Afrikanische Savannenelefant. Er hat besonders große Ohren. Er kann mit ihnen nicht nur hören, sondern nutzt sie auch, um darüber Wärme abzugeben und somit seinen Körper abzukühlen. In seinem Lebensraum, der heißen Savanne, ist dies für ihn sehr wichtig. Der Asiatische Elefant unten lebt hingegen im schattigen – und damit kühleren – Regenwald. Er besitzt daher die kleineren Ohren.

ZU SEITE 57:

Wahrscheinlich wird es dir schwerfallen! Denn über unseren Sehsinn erhalten wir normalerweise viele Informationen über unsere Nahrung, wie zum Beispiel die Farbe. Und unser Geruchssinn arbeitet eng mit dem Geschmackssinn zusammen. Mit der Augenbinde und der zugehaltenen Nase werden diese beiden Sinne »ausgeschaltet«. Nur alleine mit dem Geschmackssinn ist es dann gar nicht so einfach, die Obst- und Gemüsesorten immer richtig zuzuordnen.

ZU SEITE 63:

Wie genau Berührungen gefühlt werden, ist in den verschiedenen Körperbereichen sehr unterschiedlich, weil die Anzahl der Tastsinneszellen sehr stark variiert: An Hand und Lippen sind es z. B. sehr viele, an Rücken und Bein eher weniger. Und je höher die Anzahl an Rezeptoren in einem Hautbereich, umso wahrscheinlicher, dass die betreffenden Reize getrennt ans Gehirn übermittelt werden und als zwei Pikser gefühlt werden.

ZU SEITE 73:

Für unseren Gleichgewichtssinn ist auch der Sehsinn wichtig und die Informationen von Gelenken, Muskeln und Haut. Wenn nun z. B. der Sehsinn ausgeschaltet wird (wie in diesem Experiment), ist es schwieriger, das Gleichgewicht zu halten. Wenn zusätzlich noch der Untergrund weich und nicht fest ist, wie bei der Matratze oder dem Kissen, und ständig wechselnde Signale von den Rezeptoren in Gelenken und Muskeln und von den Tastzellen in der Fußsohle kommen, ist es noch schwieriger, die Lage zu bestimmen und, falls nötig, gegenzusteuern.

ZU SEITE 75:

»Unterschiedliche Materialien«: Das Metall fühlt sich kühler an als das Holz oder Plastik. Der Grund ist, dass das Metall Wärme besser leiten kann. Es entzieht also der Haut die Wärme und kühlt sie schneller ab. An der Haut wird es daher kalt und der Körper empfindet den Metalllöffel als kälter.

»Täuschende Wahrnehmung«: Die Temperatur wird sehr unterschiedlich wahrgenommen. Während das lauwarme Wasser vom linken Zeigefinger als warm empfunden wird, wird es vom rechten Zeigefinger als kalt wahrgenommen. Die Temperatursensoren kommen also zu einem unterschiedlichen Ergebnis – trotz der gleichen Temperatur. Wie kann das sein? Möglich ist dies, weil die Sensoren die Temperaturänderung, nicht die absolute Temperatur messen. Die Temperaturwahrnehmung hängt also von der Ausgangstemperatur ab.

Ein großer Dank geht an Prof. Stephan Frings, Heiner Götz und Patrick Zimmer für die wertvollen Kommentare zum Manuskript.
Carla Häfner

Gestaltung, Satz und Layout: Claudia Lieb, München, www.claudialieb.de
Text: Carla Häfner

ISBN 978-3-8458-4503-6

www.arsedition.de

FSC www.fsc.org MIX Papier aus verantwortungsvollen Quellen FSC® C002795